Die Eroberung von Hirschau

Die Eroberung von Hirschau

Das Kriegsende
in den Tagebuchbriefen von Hedwig Maier

*Herzlich
Hedwig Maier
Tübingen
Januar 1993*

Verlag SCHWÄBISCHES TAGBLATT Tübingen

Für freundliche Unterstützung und Mitarbeit danken wir der Autorin Frau Dr. Hedwig Maier, Herrn Udo Rauch vom Stadtarchiv Tübingen, der Verwaltungsstelle Hirschau, Familie Mesick aus Tübingen und dem Fotografen Ulrich Metz.

Herausgegeben vom Verlag
SCHWÄBISCHES TAGBLATT GmbH, Tübingen, Uhlandstraße 2

Redaktion: Ulrike Pfeil

1. Auflage, Dezember 1992

Satz: SCHWÄBISCHES TAGBLATT GmbH, Tübingen

Druck: Gulde-Druck, Tübingen

Alle Rechte vorbehalten.
Nachdruck oder Vervielfältigung, auch auszugsweise, nur mit Genehmigung des Herausgebers erlaubt.

ISBN 3-928011-10-3

Inhaltsverzeichnis

Vorwort (Ulrike Pfeil)	7
Wo ist der Handwagen	15
Der Major will nicht fallen	17
Die Gutherzigkeit der Amerikaner	20
Alle verstecken und vergraben	23
Muß der Bürgermeister sterben	27
Der Soldat im Schlafzimmer	31
Trockenes für Jammergestalten	34
Kein Streichholz für die Fahne	36
Die Marokkaner in die Schule	38
Munition trifft Kinderauge	40
Frau Professor zeigt Courage	42
Mit Passierschein zur Hebamme	45
Auf dem Marktplatz wird gehißt	49
Wirft der Feind Kartoffelkäfer	51
Plakate für den letzten Zweifler	53
Kinder mögen keine Kommandos	57
Ein ungelebtes Leben	61
Kommt der Kommunismus	64
Eschenburg ohne Aktendeckel	67
Ein Ortsgruppenleiter phantasiert	70
Und wieder keine Postkarte	73
Chronik der Ereignisse	76

Vorwort

Im Kriegsherbst 1944 macht sich die Juristin Dr. Hedwig Maier mit ihren vier kleinen Kindern (der jüngste Sohn ist gerade ein halbes Jahr alt) auf, um von Schlesien nach Süddeutschland zu übersiedeln. Es ist eine „Evakuierung" auf eigene Faust, eine Unternehmung, die zu diesem Zeitpunkt niemand so recht verstehen mag. In Schlesien war Hedwig Maier bei Freunden untergekommen, weil das Leben an ihrem Wohnort Berlin zu gefährlich geworden war. Noch ist die Versorgungslage im Osten ausgesprochen gut, während man sich erzählt, daß der Süden hungere. Doch Hedwig Maier folgt einem Instinkt, der sie früher als andere warnt, daß die Front im Osten näherrückt, der Krieg dieses Land überrollen und Massen in die Flucht treiben wird.
In Tübingen hat ihr Mann, der als Soldat in Berlin zum Kriegsdienst eingezogen ist, Verwandtschaft mütterlicherseits. Seine Mutter war eine geborene Sigwart. Auch die Verwandten hier verstehen zwar nicht, weshalb es Hedwig Maier aus Schlesien fortzieht, doch sie nehmen sie wohlwollend auf. In Hirschau findet sich eine Wohnung, zwei Zimmer nur, zu klein für die ganze Familie (erst ein Jahr später steht dann ein kleines Haus zur Verfügung). Die eben zweijährige Tochter Bärbel bleibt zunächst bei Verwandten in Tübingen. Die Mutter läßt sich mit der fünfjährigen Liesel, dem vierjährigen Schorschl und dem kleinen Ernst in Hirschau auf eine ungewisse Wartezeit ein. Doch das Kriegsende kommt schneller als erwartet. Zunächst steht Hedwig Maier noch in fast täglichem Briefkontakt mit ihrem Mann. Dann, im April 1945, reißt der Faden ab. Die Post hört auf zu funktionieren. Dennoch setzt Hedwig Maier ihre detaillierten Mitteilungen für ihren Mann fort – nun, ohne sie abzuschicken. Es sind Briefe, die ihm später einmal ein Stück des verlorenen Lebens wiedergeben sollen, die das alleine Erlebte in eine gemeinsame Erinnerung verwandeln sollten: die Entwicklung der Kinder in ihren besonders reizvollen Jahren, die Organisation des Alltags unter Kriegswirtschaftsbedingungen, die militärischen und politischen Ereignisse. Eine Hoffnung, die sich nicht erfüllte. Der Adressat der Briefe kam aus dem Krieg nicht zurück. Aber auch nachdem seine spärlichen Lebenszeichen aufgehört hatten, schrieb Hedwig Maier weiter, anderthalb Jahre lang. Unbeabsichtigt wurde sie damit zu einer Chronistin des Kriegsendes, wie es sich

in ihrem Wohnort Hirschau zugetragen hat: der Einzug der französischen Besatzungstruppen, das Leben mit den Besatzern, Feindbilder und Annäherungen, die allmähliche, verhältnismäßig rasche Normalisierung. Und sie schildert damit auch, wie sie selbst von der distanzierten Zugereisten, der „Flüchtlingsfrau" im weiteren Sinn selbst zur Hirschauerin, zur Tübingerin wird, die sie bis heute geblieben ist.

Vier Jahrzehnte blieben die Briefe liegen, weil Hedwig Maier „nicht die Zeit fand", wohl auch eine gewisse Scheu hatte, sie zu lesen. Erst in den Weihnachtstagen 1989 faßte sie Mut und war dann von der Lektüre selbst so unerwartet angerührt, daß sie für ihre Kinder eine maschinenschriftliche Fassung herstellen ließ. In zwei DIN-A4-Ordnern füllt der gesamte Text fast 250 Seiten. Auch bei Freunden, auf deren Bitte sie einige Male aus den Briefen vorlas, stieß sie damit auf Interesse. Dies bewog sie dann, als die Lokalzeitung darauf aufmerksam wurde, ihre Hirschauer Chronik des Kriegsendes zur Veröffentlichung freizugeben. Auszüge aus den Briefen, die zwischen dem 3. April und dem 12. Juni 1945 geschrieben wurden, erschienen im Sommer 1992 als Serie im SCHWÄBISCHEN TAGBLATT, unter demselben Titel wie dieses Buch, das nun den Zeithorizont bis zum 17. Februar 1946 erweitert.

Es sind keine spektakulären Kriegserlebnisse, die Hedwig Maier in Hirschau aufzuschreiben hatte, es gibt gewiß dramatischere und schlimmere Schicksale von Flüchtlingselend, Bombenkellern und brennenden Städten. Vielleicht ist dies auch ein Grund, weshalb sie so lange zögerte, ihre Aufzeichnungen über den privaten Kreis hinaus wichtig zu nehmen. Doch es sind andererseits sehr typische Erfahrungen, die zeigen, wie der Krieg und sein Ende eben auch waren und wahrgenommen wurden, hier, in einer wenig umkämpften Gegend.

Wenig martialisch geht es da zu und wenig heldenhaft: Der heranrückende „Feind" wird mit neugieriger Aufregung erwartet, aber eigentlich ohne Angst, abgesehen von den Schauergeschichten, die vor allem den marokkanischen Soldaten in den französischen Truppen vorauseilten, die – eine damals ganz übliche Form von Rassismus – kurz nur „die Schwarzen" hießen. Bei Hedwig Maier wird auch dies bereits relativiert: Während sie sich einerseits über die Vergewaltigungen und Plünderungen entsetzt, bei denen sich Marokkaner offenbar hervortaten, kommt ihr doch nicht der Sinn abhanden für gelegentliche Situationskomik oder sogar pittoreske Szenen, die sich im Hirschauer „Heerlager" abspielen.

Es ist die Zeit der Frauen. Sie werden die Opfer der Eroberer, in den zahlreichen, brutalen Vergewaltigungen; aber sie halten auch die alltägliche Überlebensordnung aufrecht. Sie richten die Quartiere für die Besatzer, sie kochen und liefern Hühner ab, sie kümmern sich um versprengte deutsche Soldaten, die sich aus irgendwelchen „Kesseln" in der Nähe davongemacht haben, um sich zu ergeben, und sie horten heimlich verbotene Schätze und helfen einander damit aus: Speck, Mehl, ein Butterfaß.
Hedwig Maier schreibt selbst nicht als Leidende, Überforderte, Jammernde, sondern stets aus einer objektivierenden Distanz, wenn auch keineswegs emotionslos. Trotz der Angst und Sorge um ihren Mann, trotz der Trauer um sein „ungelebtes Leben" spricht aus den Zeilen eine überraschende Gelassenheit und Zufriedenheit. Der Krieg hat die Maßstäbe für Glück und Erfolg verschoben; man ist bescheiden geworden – und sie selbst macht überdies jeden Tag die Erfahrung: Sie wird gebraucht.
Und selbstverständlich bringt sie sich ein mit ihrem juristischen Wissen und ihrem Verhandlungsgeschick, vor allem aber mit ihren französischen Sprachkenntnissen. Die Zeit hält für Frauen wie sie eine Fülle an Bestätigungen bereit. So wird ein bißchen klar, warum die Nachkriegszeit vielen, die sie erlebt haben, trotz ihrer großen Beschwernisse seltsamerweise auch als eine besonders intensive, sogar glückliche in Erinnerung ist.
Das keineswegs nur auf den Beruf konzentrierte Engagiert-Sein, das Sich-Verwenden für andere zieht sich wie ein roter Faden durch das Leben von Hedwig Maier – bis heute. Geboren im Januar 1905, stammt sie aus einer alten Berliner Familie. Der früh verstorbene Vater war Jurist und Protestant, die Mutter katholisch und in der Sozialarbeit tätig. Die Tochter hat Neigungen in beide Richtungen. Ihr „juristisches Herz" entdeckte sie auf der Sozialen Frauenschule. Nach einjähriger Arbeit als Fürsorgerin beim Jugendamt Berlin-Lichterfelde und einer Eignungsprüfung beim Preußischen Kultusministerium wurde sie ohne Abitur zum Jurastudium zugelassen. Nach der Promotion und dem Assessorexamen war sie Richterin an den Berliner Amtsgerichten Köpenick und Wedding, wurde aber schon nach einem Jahr aus dem Justizdienst entlassen wie alle noch nicht verbeamteten Richterinnen, weil Hitler der Auffassung war, „eine Mutter von fünf Kindern ist mir lieber als eine Richterin". Sie selbst dachte schon damals: „Warum nicht beides?"
Nach der Entlassung fand sie eine Anstellung als Syndica beim damaligen Kartellverwalter Theodor Eschenburg, dem späteren Flüchtlingskommissar und Politikprofessor, dem sie im Tübingen der Nachkriegszeit wiederbegeg-

nen sollte. Wieder als Mitarbeiterin Eschenburgs, später Leiterin des Tübinger „Instituts für Besatzungsfragen", begann hier ihre eigentliche juristische Karriere. 1951 wurde ihr sogar das Amt einer Verfassungsrichterin angetragen, doch sie lehnte ab, unter anderem aus Rücksicht auf ihre Kinder. Seit 1955 war sie Richterin, später Landgerichtsdirektorin in Tübingen. In den sechziger Jahren saß sie am Landgericht Stuttgart als Richterin einer Wiedergutmachungskammer für NS-Geschädigte vor. Auch zu Schiedsaufgaben wurde sie immer wieder herangezogen: 1959 bis 1970 als Mitglied in der dritten juristischen Instanz der Filmselbstkontrolle in Wiesbaden, von 1962 bis 1979 als Mitglied des internationalen Schiedsgerichts, das über völkerrechtliche Ansprüche gegen die Bundesrepublik zu befinden hatte.

In Tübingen ist Hedwig Maier jedoch weniger für ihr juristisches als für ihr soziales Wirken bekannt. In ihren mehr als zwanzig Ruhestandsjahren hat sie sich in der Telefonseelsorge betätigt, sie organisierte das erste Essen auf Rädern, sie gründete als Verwalterin eines Professoren-Nachlasses ein Wohnheim für verheiratete Studierende und Studierende mit Kindern, in Rechtsfragen stand sie mehreren Wohlfahrtsorganisationen zur Seite, und noch heute hält sie regelmäßig gemeinnützige Rechtsberatungsstunden. Unter den zahlreichen Trägervereinen, die sie gründete, ist auch einer, der pionierhaft den Bau einer Altenwohnanlage in Tübingen betrieben hat, des „Wohnparks am Schönbuch" in Waldhäuser-Ost. Sie selbst ist dort, mit beispielhafter Konsequenz, auf ihre alten Tage eingezogen.

Wer war der Adressat der Briefe? Hedwig Maier lernte ihren späteren Mann Georg Maier kennen, als sie sich, ebenso wie er, im Mai 1933 lauthals weigerte, der an alle Fakultätsassistenten ergangenen Aufforderung zum Eintritt in den Nationalsozialistischen Dozentenbund nachzukommen. Maier hatte sich gerade an der Berliner Juristischen Fakultät für Römisches Recht habilitiert. Ein frecher Artikel in der Vossischen Zeitung über das Dozentenlager, in dem zukünftige Professoren politisch „geschult", also auf NS-Linie gebracht wurden, brachte ihn für sechs Wochen in das Konzentrationslager Sachsenhausen. Nach seiner Entlassung teilte ihm das Kultusministerium mit, daß seine akademische Laufbahn beendet sei. Zwar bekam er noch im November 1942 trotzdem einen Ruf als Professor für Römisches Recht an die Universität Heidelberg; sämtliche befragten Stellen erklärten ihn jedoch für „untragbar". Daß es „sämtliche" waren, machte ihn besonders stolz. Posthum wurde ihm der Professorentitel zuerkannt.

Nach dem Ausschluß von der Universität, der ihn persönlich sehr verletzte, ließ Georg Maier sich als Anwalt in Berlin nieder und hatte, nicht zuletzt dank alter Freunde in wichtigen Stellungen, bald eine florierende Praxis, in der ihn Hedwig Maier während seines Kriegsdienstes vertrat.

Trotz der Folgen des Artikels über das Dozentenlager setzte Maier aber auch seine journalistische Tätigkeit fort, die ihm besondere Freude machte. Nach der Einstellung der Vossischen Zeitung unter politischem Druck Ende März 1933 schrieb er für die Frankfurter Zeitung. Es war sein Ehrgeiz, über neue Gesetze oder Anweisungen politischer Stellen so zu referieren, daß für sorgfältige Leser ihr rechtsstaatswidriger und bedrohlicher Inhalt deutlich wurde. In Glossen, denen Günther Gillessen später in seinem Buch über die Frankfurter Zeitung in der NS-Zeit (Auf verlorenem Posten. Die Frankfurter Zeitung im Dritten Reich. Siedler-Verlag, Berlin) „unnachahmliche Eleganz" bescheinigte, berichtete er von Urteilen, die den Stempel nationalsozialistischen Unrechts trugen, aber auch solchen, die – auch das gab es ja – durch geschickte Auslegung oder Umgehung der NS-Norm eine rechtlich befriedigende Lösung gefunden hatten.

Die mit „M" gezeichneten Beiträge wurden im In- und Ausland mit Interesse verfolgt. Das erbitterte vor allem die Gestapo, die in den Artikeln eine Gefährdung des NS-Staates sah. „Die besonders geschickte Art der Kritik" in der Frankfurter Zeitung, so eine Stellungnahme, halte in Deutschland, „den Geist der Reaktion und Opposition aufrecht". Nach wiederholten, aber folgenlosen Verwarnungen der Frankfurter Zeitung erschienen zwei ganzseitige Angriffe gegen den Autor Georg Maier im SS-Organ „Schwarzes Korps". Unter der Überschrift „Der Fall M – Hinterlist mit Methode" wurde die Frankfurter Zeitung eines hinterhältigen, „hyänenhaften" Journalismus bezichtigt, der sich nicht stellen lasse und unentwegt die Rechtsprechung und das „Ansehen des nationalsozialistischen Staates im In- und Ausland zu schädigen" suche. Am Ende stand die Forderung nach einem pressegerichtlichen Verfahren gegen Georg Maier.

Die Zeitung, die auf den ersten Artikel noch mit Schweigen reagierte, bedeutete Maier nach dem zweiten Angriff, daß sie „zu ihrem größten Bedauern" auf seine weitere Mitarbeit verzichten müsse. Sie wolle „keine Leichen im Haus haben" (Gillessen).

Im November 1937 hatte der damals 30jährige Georg Maier zum Entsetzen seiner schwäbischen Familie die reichlich zwei Jahre ältere, über keine Kochkenntnisse verfügende, am schlimmsten aber: katholische Hedwig Maier geheiratet. Schon am 26. August 1939 wurde er als Soldat eingezogen. Am 2. Mai 1945 kam er in russische Gefangenschaft; er starb im Oktober 1945 auf

dem Transport nach Rußland. Eine offizielle Mitteilung über seinen Tod erhielt seine Frau erst 1951.
Hedwig Maier, die sich ihrem Mann in hoher geistiger und politischer Übereinstimmung verbunden fühlte, orientierte sich – auch dies ist aus den Briefen herauszulesen – als alleinstehende Mutter an dem Leitgedanken, ihre Kinder zu Menschen zu erziehen, wie ihr Mann sie sich gewünscht hätte. Was ist aus ihnen geworden, aus Liesel, Schorschl, Bärbel und Ernst? Klimaforscher der eine, Anwalt der andere, die eine Tochter hat als Juristin in Hamburg Öffentliche-Dienst-Karriere gemacht, die andere ist Ordensfrau und Erzieherin für geistig schwerstbehinderte Kinder. Keines ist in Tübingen geblieben.
Hirschau war im Leben von Hedwig Maier nur eine kurze, doch um so nachhaltigere Episode. Der Aufenthalt dort und die Zeitumstände brachten noch eine Seite ihrer Begabungen zur Entfaltung, die dieses Buch ebenfalls dokumentiert: ein ursprüngliches erzählerisches Talent.

Ulrike Pfeil

Hirschau vor dem Zweiten Weltkrieg – und wie es Hedwig Maier noch erlebte: eine Landschaftsidylle. Das Bild malte der Tübinger Innenarchitekt und Hobbykünstler Richard Nill in den dreißiger Jahren.

Wo ist der Handwagen?

3. April 1945

Heute ist zum ersten Mal keine Post gekommen und keine abgegangen. Man munkelt, daß Panzerspitzen vor Stuttgart stünden, ja sogar Vaihingen und Sindelfingen werden genannt. Heute früh um sieben wurde ausgeschellt, Hirschau sei zu evakuieren. Zuerst Mädchen von zwölf bis 14 Jahren (ob man dies Alter für besonders anziehend hält oder annimmt, daß die Älteren ihre Tugend bereits selbst verteidigen könnten oder keine mehr zu verlieren hätten, bleibt offen), dann junge Frauen mit kleinen Kindern (auch hier erhebt sich die Frage, was in einem Fall wie dem meinen: eine nicht mehr junge Frau mit kleinen Kindern, geschehen soll). Dann die Evakuierten, dann alle übrigen.
Du kannst Dir die Aufregung im Dorf denken. Zu bleiben waren eigentlich alle sehr bald entschlossen, aber die große Frage, was man retten kann und soll, verstecken, vergraben oder lieber noch vorher aufessen. Nach der Zahl der Kuchen zu urteilen, die heute vor unserem Küchenfenster zum Bäcker gebracht wurden, ist die Entscheidung auch vielfach zugunsten der letzten Möglichkeit gefallen. Ich habe einiges im Heuschober versteckt; damit hatte ich übrigens schon gestern angefangen und einen großen Kochtopf mit Mehl mit fest aufgebundenem Deckel vergraben. Lange geht das natürlich nicht, aber für lange Zeit wird es wohl auch nicht sein.
Merkwürdig ist, daß man, abgesehen von einigen fortgesetzt Betrübten, eigentlich überwiegend heitere Gesichter sieht. Dabei sind sie sich wohl alle klar darüber, daß sehr unangenehme Zeiten bevorstehen, daß wir Kampfgebiet werden können, geplündert werden wird und eine Hungersnot kommen wird. Aber der angeborene Optimismus läßt jeden glauben, daß er schon durchrutschen wird, und die Tatsache, daß Bewegung in den im Augenblick ja wirklich nicht sehr erfreulichen Zustand gekommen ist, wirkt schon erfrischend.
Nach Tisch telefonierte ich mit Tübingen, das den gleichen Räumungsbefehl hat. Aber W. sagt, dort ginge niemand. Die große Hoffnung ist immer noch, ob Tübingen freie Stadt wird. Der Bürgermeister möchte es, der Gauleiter ist dagegen. Es wäre natürlich auch für uns hier sehr angenehm.

Heute abend war eine dörfliche Versammlung, in der die Frage der Evakuierung behandelt werden sollte. Herr K. sprach: der Befehl sei gegeben, der Feind sei kein Pappenstiel, das Vieh sei in Gefahr: man habe also zu gehen. Der Weg sei Wurmlingen, Rottenburg, Weiler, und dann auf die Alb nach Münsingen, von dort aus wahrscheinlich noch weiter. Das alles zu Fuß, und Kinder und Gepäck im Leiterwagen ziehend. Das Gemurre im Volk war groß und ziemlich frech.

Es sprach dann ein Evakuierter von Mannheim, er bäte um nähere Auskunft, wie der Transport vor sich gehen solle. Insbesondere wie das Gepäck mitkäme. K.: Im Handwagen. Der Mannheimer: Wo ist der Handwagen? K. mußte errötend gestehen, daß die Kreisleitung keine Wagen habe, um auch nur einen der 6000 Verwundeten wegzubringen. Dann meldete sich ein Hirschauer Bauer, der mit schöner Entschiedenheit erklärte, wenn gestorben werden müsse, könne man es hier bequemer haben. Er werde mit seiner Familie bleiben. Darauf besonderer Beifall, auf den hin K. das Wort ergriff und sagte, daß Hirschau bleiben wollte. Er war auch dafür. Das Ganze war äußerst spannend und aufschlußreich, und wenn es nicht solch unangenehme Situation gewesen wäre, so hätte ich mich königlich amüsiert, das heißt, eigentlich habe ich es auch so getan.

Ich bin schrecklich gespannt, wie alles weitergeht. Ob wohl Amerikaner oder Franzosen auf dem Wege sind. Hoffentlich die ersteren, die letzteren sind wohl doch viel ausgehungerter. Und die Ernährung bleibt meine große Sorge.

Die „Tübinger Chronik" kam heute auch nicht mehr. Ich habe seit vier Tagen keinen Wochenbericht mehr gehört oder gelesen. Von Frau B. bekam ich heute ein Stück Kaninchen geschenkt, das himmlisch schmeckte.

Liesel kam heute früh sehr aufgeregt nach Hause: es sei ausgeschellt, die Amerikaner kämen heute mittag. Sie spielt mit Schorschel und den Dorfkindern fortgesetzt Fliegerangriff und Keller und Bunker und findet alles wunderbar.

Höchst dramatisch war heute die Beseitigung von Frau K.s Effekten. Das Hitlerbild wurde allgemein zur Verbrennung verurteilt. Eine Fahne in der Größe, daß man damit das Brandenburger Tor hätte zudecken können, zerschnitten, das Rote will sie färben, das Hakenkreuz wird Flickstoff. Die SA-Uniform will sie vergraben. Die Arme stand Qualen aus, was ihr Mann dazu sagen würde.

Der Major will nicht fallen

5. April 1945

Ich kann wohl sagen, daß ich jetzt immer fieberhaft den nächsten Tag und seine Neuigkeiten erwarte. Es ist grausig, wie sich die Schlinge immer enger zieht, aber es ist so hochdramatisch, daß die Spannung einem über die Sorge für die Zukunft hinweghilft. Auch eine Zeitung sah ich endlich mal wieder und las den Aufruf von Bormann und von den Werwölfen. All diese Dinge werden ja wohl bald, nicht einmal, sondern wiederholt, im Zusammenhang dargestellt werden.
Gestern haben wir einen „Stab" hierher bekommen. Ich kriegte erst einen Schreck, weil ich mir darunter eine größere Zahl von Offizieren mit wichtigen Funktionen vorstellte. Es sind aber nur ein Major, ein Feldwebel und ein Mann. Sie kommen aus Karlsruhe, um hier einige Telefonleitungen zu legen und Nachrichten zu übermitteln. Ich werde versuchen, über sie mit Dir sprechen zu können, mache mir aber nicht große Hoffnungen. Der Major ist ein Wiener. Er wohnt bei F.s und hat schon seiner Abneigung Ausdruck gegeben, Hirschau zu drei Mann zu verteidigen und dabei zu fallen. Auch an einer längeren Dauer seines Aufenthalts hat er erhebliche Zweifel geäußert.
Trotzdem habe ich heute meinen Mehltopf nicht ohne Belustigung über mich wieder ausgegraben. Alle Leute behaupteten, Mehl hielte sich luftverschlossen nicht, und ich hatte infolgedessen geträumt, daß ich eine stinkende Soße vorfände. Da gebe ich es dann doch lieber den Franzosen.
Meinen Acker zu Gemüse- und Kartoffelanbau habe ich jetzt. Ich bin zusammen mit einer anderen Frau die einzige Evakuierte, die von dem Angebot der Gemeinde Gebrauch macht. Das ist doch wieder einmal erstaunlich. Frau B. hat mir Kaninchendünger versprochen, nun stecke ich als erstes Kartoffeln und säe dann noch eine Menge Gemüse. Ich hoffe nur, die Flieger erlauben es in den nächsten Tagen. Tiefflieger sind doch etwas ungemütlich, da sie unbestreitbar auf Leute auf dem Felde schießen, und sie tummeln sich jetzt stundenlang über uns herum.

6. April 1945

Gestern abend sind tatsächlich doch 32 Evakuierte von hier losgezogen, aber nicht zu Fuß über Wurmlingen–Rottenburg, sondern nur zu Fuß bis Tübingen und von dort mit der Bahn. Aber es ist nichts frei geworden, was für mich in Betracht käme. Es käme für mich im Moment ja auch nur eine Zwei-Zimmer-Wohnung in Betracht, wo ich ohne Hilfe wirtschaften könnte.
Mein Kartoffelvorrat vermehrt sich erfreulich. Gestern bekam ich einen Zentner von Frau K., heute einen Korb mit etwa 30 Pfund von Frau B. und die Zusage von der Theres, daß ich mir bei ihr auch noch einen Korb voll holen könne. Nun kommen wir schon so annähernd durch den Sommer. Es ist aber auch ein Glück, denn die Kinder haben sich angewöhnt, auch noch zwischendurch gegen den ärgsten Hunger kalte Kartoffeln zu essen, die ihnen erstaunlich gut bekommen.

8. April 1945

Versuch über den Major, eine Verbindung nach Berlin zu bekommen. Er hat aber heute den ganzen Tag nicht einmal mit seiner vorgesetzten Dienststelle, die einige Kilometer von hier entfernt ist, Verbindung bekommen. Es war ganz interessant. Ich könnte mir denken, daß er früher eher für die Nationalsozialisten war. Im Zivilberuf ist er Berufsschulleiter, jetzt schimpft er in einer Weise, die sich eigentlich bei einem Soldaten kaum vertreten läßt. Er hat an sich für Nachschub zu sorgen, sagt aber, daß er nichts zu tun habe, weil keinerlei Nachschub da sei. Zu meinen Erwägungen, an Dich ein Telegramm zu schicken, fragte er, wie lange ein Telegramm gehe. Ich erwiderte, eine Woche, worauf er meinte, bis dahin seien die Amerikaner bestimmt hier. So ganz kann ich mich an den Gedanken noch immer nicht gewöhnen. Am meisten beunruhigt hat mich, daß er meinte, eine neue große Offensive im Osten stünde unmittelbar bevor.
In Tübingen waren heute, am Sonntag, die Läden offen, um noch alles zu verkaufen, was da ist. Einen Liter Wein gibt es pro Kopf, zwei Pfund Zukker, aber auch an Textilien wird ausverkauft, was noch da ist. Es gibt wohl keinen Menschen, der nicht damit rechnet, daß die Feinde in kurzem da sind. Merkwürdigerweise sind alle ziemlich optimistisch und erwarten nicht allzu viel Schlimmes.

Heute hieß es, daß Tübingen nun wirklich freie Stadt sei und die Panzersperren entfernt würden. Angeblich soll auch ein Umkreis von acht Kilometern einbegriffen sein. Während wir in Wurmlingen waren, erschien dort rührenderweise W. mit Luise. Der Onkel Hans, der jetzt dort eine große Rolle spielt, ein Heidenhainscher angeheirateter Verwandter, Zahnarzt in Liegnitz, jetzt Oberstabsarzt, habe gesagt, es könne gut sein, daß zwar Tübingen freie Stadt, aber gerade in der Umgebung gekämpft werde. Man müsse mir sagen, daß ich dann mit den Kindern nach Tübingen komme.

Die Gutherzigkeit der Amerikaner

12. April 1945

Ich muß Dir noch von meiner Abhaltung von vorgestern abend berichten: Als ich aus Tübingen zurückkam, fand ich die Familie B., bei denen ich Ernst und Liesel für den Tag abgegeben hatte, in großer Aufregung. Er hatte mit drei anderen Hirschauern einen Gestellungsbefehl zum Volkssturm bekommen und mußte sofort abrücken. Er übergab sich gerade vor Aufregung, und die Frau berichtete nachher, er habe beim Abschied ganz furchtbar geschluchzt. Übrigens ist er inzwischen jede Nacht zu Hause gewesen. Sie sind in Rottenburg, tun und lernen nichts und warten, ob sie noch eingesetzt werden.

Frau B. kam abends nochmal rüber und erzählte, daß Frau Dr. D., die Mergenthalersche Tochter*), ganz plötzlich fort sei. Der Mann habe sie mit zwei Autos abgeholt. Der Bürgermeister berichtete, Frau D. sei bei ihm gewesen in großer Aufregung, sie fühle sich in Hirschau ihres Lebens nicht mehr sicher, man werde ihr die Wohnung demolieren. Es sei nicht richtig, daß sie, wie behauptet werde, eine Panzerfaust oder ein Maschinengewehr habe. Sie habe kein Unterkommen, aber lieber gehe sie mit ihren Kindern auf die Straße, als daß sie hier noch länger bleibe. Die Wohnung wolle sie halten, da sie in ein paar Wochen hoffe, wieder kommen zu können (nach dem Sieg?). Sie gäbe nur zwei Zimmer davon ab. In diese Zimmer sollten nun gestern schon die sieben Leute einziehen, die in einem Zimmer sitzen.

Erschütternd war mir ja die Flucht von Frau D. Sonst heißt es: „Gottes Mühlen mahlen langsam." Aber diesmal mahlen sie mit geradezu entsetzlicher Schnelligkeit und Konsequenz. Zwölf Jahre nur, und die Verfolger werden die Verfolgten. Im übrigen ist die Angst der Frau natürlich Unsinn. Es hätte ihr keiner was getan. Zwar sagen die Leute mit erstaunlicher Kaltblütigkeit, sie solle man aufhängen, wenn berichtet wurde, daß sie mit Schießen gegen die Feinde gedroht habe, aber vom Sagen bis zum Tun ist ein langer Weg.

---

*) Dr. Christian Mergenthaler war NS-Kultusminister von Württemberg.

Überhaupt die Volksstimmung! Man könnte Bände über sie schreiben. Die bleierne Angst ist freudiger Erwartung gewichen. Man erzählt Wunderdinge, wie gutherzig die Amerikaner seien, daß sie nichts nähmen (außer Leckerbissen und Schmuck), die Leute beruhigten, Bombardements aussetzten, damit sich die Leute etwas zu essen aus ihren Kellern holen könnten, die Züge sich entleeren ließen, ehe sie ihre Bomben abwürfen. Selbst die Schwarzen werden gerühmt. Sie seien viel feinfühliger als die Weißen, sagte mein Küfer. Gegen die Mächtigen nur eine Entrüstung. Der Entschluß, keinen Schuß abzugeben, ist bei Militär und Zivil gleich fest. Die Wälder sollen voll von Soldaten liegen, die sich allmählich Zivilkleider zusammenbetteln. Man sieht die erstaunlichsten Gestalten mit und ohne Uniform über die Landstraße ziehen. Seit zwei Tagen patrouilliert aber Tag und Nacht der Volkssturm und hält jeden an.

Und zwischen dem allen spielen unsere Kinder mit der größten Lustigkeit, freuen sich auf die Amerikaner, die die Beine auf den Tisch legen und ihnen Schokolade schenken (ersteres stammt von mir, letzteres aus dem Dorf) und finden alles wunderbar. (...) Es ist inzwischen 10 Uhr. Gerade hörte ich von der Straße herauf, sie seien in Stuttgart. Dann muß ich doch bald Lebensmittel verstecken. Es wird mir gehen wie mit den Ostereien, die man nachher nicht mehr wiederfindet.

Hedwig Maier mit der Tochter Bärbel 1943, kurz vor dem Umzug von Berlin nach Schlesien.

Alle verstecken und vergraben

14. April 1945

Sehr erschüttert war ich gestern vom Tode Roosevelts. Fünf Minuten vor dem großen Sieg zu sterben und das gelobte Land zu sehen, aber nicht hinein zu dürfen, ist schon tragisch. Aber wahrscheinlich hätte es die übliche Enttäuschung gegeben, und er ist jetzt im Glück der Erwartung gestorben. Für uns halte ich es für ein ausgesprochenes Pech. Zwar war er ja wohl sehr deutschfeindlich, aber das wird sein Nachfolger, wer immer es auch sei, auch sein. Und er hatte doch wohl große Pläne, die, auch wenn sie uns ungünstig waren, wahrscheinlich immer noch eher erträglich gewesen wären, als wenn jetzt ein Minderfähiger alles laufen läßt.
Ich fürchte, Stalin wird der große Gewinner sein. Roosevelt war, so stelle ich es mir vor, der einzige, der ihm in etwa Widerpart halten konnte. Das sic transit gloria mundi wird jetzt ja wirklich sehr augenscheinlich. Von den fünf Großen, die die Welt in so kräftige Bewegung gesetzt haben, spricht von Mussolini keiner mehr, Roosevelt ist tot, über Hitler werden die nächsten Wochen entscheiden, Churchill ist ein alter Mann, bleibt nur Stalin. Heute kam eine Freundin von B. hierher, um mir etwas zu bringen. Sie wollte hier Medizin studieren (. . .). Studiert wird gar nicht mehr. Auch das neue Semester scheint nicht anzufangen. Sie sucht nun irgendeine andere Tätigkeit als Krankenschwester, Säuglingspflegerin, in einem Laboratorium oder etwas Ähnliches. Es ist aber völlig hoffnungslos im Moment. Heute sei sie mit 50 Bewerberinnen im Vorzimmer irgendeiner Verwaltungsstelle gewesen, man habe ihnen aber gesagt, daß sie sich nicht die geringste Hoffnung auf irgendeine Tätigkeit machen könnten.

16. April 1945

Mamschen*) ist in der Neckarhalde erschienen. Ich holte sie abends mit einem schönen stabilen Leiterwagen von Tübingen ab. Frau B., bei der ich ein

---

*) Hedwig Maiers Mutter. Sie flüchtete zunächst mit einem Treck aus Schlesien in die Tschechoslowakei und schlug sich dann alleine nach Tübingen durch.

Zimmer für sie bekommen habe, meinte, es sei besser, sie käme gleich, man habe sich schon nach dem Zimmer erkundigt. Und es war ein Segen, daß sie noch am gleichen Abend kam, denn am nächsten Tag erschien der Bürgermeister mit einer dreiköpfigen Familie bei B.s, die er dort unterbringen wollte. Ich hatte gedacht, Mamschen würde mit dem Milchauto rausfahren können. Aber seit vor zehn Tagen ein Milchwagen auf der Landstraße beschossen wurde und 1000 Liter Milch im Sande verliefen, fährt es nur noch nachts und zu ganz unregelmäßigen Zeiten und nimmt keinen mit.

Ich hatte doch einige Sorge, wie ich Mamschen finden würde. Aber sie war weit über Erwarten wohl und guter Dinge. Nur ihre Füße waren schrecklich müde. Sie hatte kaum Schuh und Strümpfe ausbekommen, so geschwollen waren sie. Sie ist sechs Tage und sechs Nächte nicht aus den Kleidern und Schuhen gekommen, einmal hat sie fünf Stunden bei einem Pfarrer auf dem Sofa gelegen, sonst immer auf der Bahn oder auf Bahnhöfen, kilometerweise wegen zerstörter Strecken laufend, mehrere schwere Angriffe in unmittelbarer Nähe – es muß schon wüst gewesen sein. Und dabei brachte sie noch einen großen schweren und einen kleinen Handkoffer mit, einen Schirm, ein Plaidpaket und eine Handtasche. Einen Bettensack hat sie bei dem oben erwähnten Pfarrer stehenlassen. Sie hat immer hilfreiche Seelen, vor allem Soldaten, gefunden, die ihr tragen halfen, Platz machten, sie bei Tiefangriffen aus dem Zug holten et cetera.

Am nächsten Morgen war Mamschen wieder ganz wohlauf, erschien schon um acht zum Frühstück und drängte sehr darauf, daß ich ihr Gepäck in Tübingen hole, damit nicht noch am Schluß etwas passiere. Ich machte mich gleich nach Tisch auf, wurde aber bald hinter Hirschau von einem Mann angehalten, ich solle nicht mehr nach Tübingen rein, die Brücken seien schon unterminiert, die Amerikaner stünden in Herrenberg und könnten jeden Moment kommen. Ich traute mich aber ohne Gepäck nicht wieder nach Hause und zog daher eilends zum Bahnhof. Sowohl bei der Brücke an den Pappeln wie am Hirschauer Steig wurden gerade die Sprengkörper eingebaut. Zwei Soldaten mit Maschinengewehren standen da, es sah gar nicht mehr nach freier Stadt aus. Auf dem Bahnhof war bis 4 Uhr alles zu, ich wollte Besorgungen machen, bekam aber erst eine Stunde Vollalarm, wo die Läden zuhaben. Nachher habe ich aber noch ganz schön alles bekommen, alles Fleisch und Fett für die Woche und zehn Pfund Mehl.

Gestern abend soll Nagold gefallen sein, nach ziemlich heftiger Beschießung. Horb soll brennen. Man erwartet die Feinde jetzt stündlich. Auf der Post kam, gerade während ich einkaufte, ein Anruf, es soll abgerechnet und alles abgegeben werden. Fahne und Hitlerbild seien zu vernichten, die Mühle hat Weisung, sich in die Luft zu sprengen, wenn sie kommen, ebenso sollen die ganzen, jetzt durch erneute Abgabepflicht angesammelten Getreidelager verbrannt werden. Die Aufregung im Ort ist fieberhaft. Alles versteckt und vergräbt. Heute nacht wollten sie alle nicht zu Bett gehen, ich will es aber gleich tun.

Heute abend von sechs bis sieben war ein recht schwerer Angriff auf Tübingen und Rottenburg. Es waren wohl etwa zehn Verbände, ich dachte, es würde ziemlich alles hin sein, es sollen aber nur Bahnhöfe und Kasernen getroffen sein. Schorschel sagte, wenn es sehr fliegt: „Mutti, ich glaube, wir gehen jetzt in den Keller." Er ist rührend, wie er sich ausmalt, daß Frieden wäre und die Scheißflieger nicht mehr kommen. Liesel versichert mir immer wieder, sie habe keine Angst und ist von übersteigter Lebhaftigkeit und Lustigkeit. Wir gingen nach einiger Zeit wirklich in den Keller, und sie holte sich ihre Häkelarbeit. Einmal teilte sie mir im Flüsterton mit: „Mutti, ich möchte immer bei Dir bleiben. Wenn Du stirbst, sterbe ich lieber auch mit."

Der Tübinger Güterbahnhof nach dem Luftangriff vom 17. April 1945.

Muß der Bürgermeister sterben?

18. April 1945

Ein aufregender Nachmittag, der leider noch nicht die Entscheidung brachte. Vormittags war es verhältnismäßig ruhig, auch kaum Flieger, mittags kamen die Leute aus Tübingen, wo Schuhe frei verkauft wurden, zurück und sagten, die Panzerfallen seien geschlossen. Um 4 Uhr konnte ich noch mal telefonische Verbindung mit W. in Tübingen bekommen. Es steht nun fest, daß die linke Stadthälfte frei ist, die rechte wird verteidigt. Es sollen in der unverteidigten Hälfte lauter Rote-Kreuz-Fahnen wehen und Plakate sein, daß auf Grund der Genfer Konvention die Truppen nur durchmarschieren dürften, kein Quartier gemacht werden dürfte et cetera.
Als ich vom Telefon zurückkam, hieß es zum ersten Mal, die Amerikaner kämen. Um halb sechs wurde ich in ernstliche Sorge versetzt, weil es hieß, in einer halben Stunde würde Militär aus Tübingen nach Hirschau kommen. Ich sah uns also schon als den letzten von Tübingen verteidigten Ort heiß umkämpft werden in Straßen und Häusern. Das war mir doch ein sehr ungemütlicher Gedanke. Ich bat den Bürgermeister, den ich gerade traf, dafür zu sorgen, daß, wenn wirklich deutsches Militär hereinkäme, der Ort schleunigst geräumt würde.
Als nach anderthalb Stunden sich noch kein deutscher Soldat zeigte, ging ich zu F.s und hörte dort, es seien nur fünf Soldaten mit Panzerfäusten geschickt worden, die vor dem Dorf lagerten. Wenn wirklich nicht mehr kommt, so braucht man das ja wohl nicht so sehr fürchten. Es knallte immer mal wieder ziemlich leise. Maschinengewehre und wohl leichte Artillerie, die immerhin genügte, um das Dorf direkt uns gegenüber am Neckar ziemlich in Brand zu schießen. Es brannte in etwa acht bis zehn Häusern lichterloh, ein Glück, daß es ganz windstill ist. In Rottenburg sollen etwa 20 Panzer sein, fünf sind weiter vorgedrungen bis Wurmlingen. Dort haben sie haltgemacht, und es wird in der Wirtschaft für sie gekocht.
Erst als es hieß, sie kämen, war die Dorfstraße gähnend leer. Allmählich fanden sich aber hier und dort Trüppchen zusammen, und gegen 8 Uhr war das gesamte Dorf auf der Straße, die Kinder spielten, die Milch wurde wie immer abgeliefert und geholt, und alles war schon eher freudig bewegt.

19. April 1945

Ich ging um dreiviertel elf zu Bett, es schoß aber so heftig mit Artillerie, daß ich dreimal aufstand und mir die Sache unten anguckte. Es war eine ganz helle Nacht, und überall standen die Leute vor ihren Türen und riefen sich gegenseitig ihre Ansichten über die Lage zu. Das zweite Mal hörte man von Wurmlingen her ganz deutlich das Anlassen der Panzer, und alles wartete fieberhaft auf ihr Kommen. Nach einer halben Stunde Gesumm war alles wieder still, und man ging enttäuscht ins Bett. Es war schließlich 2 Uhr, als ich zum Schlafen kam, und bald nach 6 Uhr fühlte ich mich verpflichtet, aufzustehen, um parat zu sein, wenn sie kämen.
Es ereignete sich aber gar nichts bis halb elf, dann brauste mit einem Mal ein Panzerspähwagen oder einfach ein offenes Auto heran und hielt vor dem Rathaus. Im ersten Moment waren die Leute, die seit zwei Tagen nur auf der Straße stehen, weggelaufen, aber nach zwei Minuten waren sie alle wieder da, und das Ganze war einer Volksbelustigung nicht unähnlich. Ich konnte es von unserem Küchenfenster aus ganz gut betrachten.
Nach ein paar Minuten erschien auch ein ziemlich kleiner Panzer, sie fuhren durchs Dorf durch, kamen aber bald wieder zurück. Dann scheint auf dem Rathaus eine Art Übergabe des Dorfs stattgefunden zu haben. Der Bürgermeister sagte anschließend zu unserer Frau W.: „Ich muß nun sterben. Kümmern Sie sich um meine Familie." Die gefangenen Franzosen standen um das Auto und unterhielten sich aufs Lebhafteste. Ihnen wurde freigestellt, sofort nach Hause zu fahren. Einige sollen aber geblieben sein. Vor allem aus Angst, noch einmal Soldat werden zu müssen. Sie sind offenbar alle sehr gut behandelt worden und standen nett mit den Leuten, was zweifellos sehr nützlich ist.
Sofort nach der Übergabe wurde ausgeschellt, daß alle Waffen und Munition, Radio und Photoapparate auf dem Rathaus abzugeben seien. Ich brachte meinen etwas schweren Herzens, hätte es aber falsch gefunden, ihn zu verstecken. Es war ein sehr rührendes Bild, wie alte Mütterchen mit Flinten zum Rathaus liefen und die Leute alle mit ihren riesigen Radioapparaten ankamen. Die Stimmung war immer noch sehr gut, aber über Mittag fuhren dann mehr Panzer durch. Wagen mit Soldaten folgten, und als ich um 5 Uhr herauskam, lag eine bleierne Luft über dem Dorf, und nur ein paar Leute gingen schrecklich verängstigt über die Straße.
Die Soldaten gingen von Haus zu Haus, und die Leute wußten nicht, was sie suchten. Als sie zu uns kamen, zwei Marokkaner, ich beigte grade mein

Holz, fragte ich sie, was sie wollten. Ich verstand erst etwas wie „Mann" und fragte „mon mari?" Dann fragten sie aber nach deutschen Soldaten, und ich versicherte ihnen, daß keine hier seien, weder in unserem Haus noch zweifellos im ganzen Ort. Bei diesem Durchsuchen haben sie sich sehr übel benommen, nach Alkohol und Schmuck gefragt und Frauen nicht erst gefragt. Ich brachte dann zwei kleine Mädchen, die Feuerwehruniformen auf dem Rathaus abliefern wollten und eilig davonliefen, als sie die Soldaten kommen sahen, zum Rathaus zurück, weil mir dies Weglaufen ausgerechnet mit einer Uniform im Arm nicht zweckmäßig schien. Dabei erlebte ich, wie der Leutnant einen Mann ausschickte, um einen zu holen, der sich absentiert hatte und der sehr beschimpft wurde.

Abends brachte mir Frau W. Milch, die Molke arbeitet nicht. Wir haben auch gar keinen Strom. Ich schreibe bei einer Kerze, daher sehr eilig. Dann kam Frau F., ich möchte sofort rüberkommen. Der Leutnant ist mit einem Schwarzen bei ihnen einquartiert, und ich sollte ihn fragen, ob sie auch für ihn und den Mann kochen sollte. Er war ein recht ordentlicher Mann, es sei nicht nötig zu kochen, doch ließ er durchblicken, er würde es nicht ablehnen, wenn er etwas kriege. Ich sagte ihm, daß seine Leute betrunken seien, wie einer grade in ein Haus einzudringen versuchte. Er schickte sofort den Schwarzen, um ihn zu holen. Außerdem sagte ich ihm, daß sie so hinter den Frauen her seien, ob er das wisse, und ob wir uns bei ihm beschweren könnten. Er war sehr ordentlich, schien aber zur Abnahme der Verantwortung sehnsüchtig auf den Kapitän zu warten, der heute abend kommen soll. Ich habe es doch für richtiger gehalten, daß Mamschen heute abend bei mir schläft.

Heute mittag wurde das ganze Dorf beordert, die Straße auszuflicken, die an Stellen der Brücke kaputtging, die man eigentlich sprengen wollte. Auch da sausten alle mit Schippen los, ein wirklich erstaunlicher Eifer. Es erschienen dann sechs deutsche Soldaten, die den Auftrag hatten, die Leute zu erschießen, weil sie im Auftrag des Feindes arbeiteten. Sie taten es aber nicht, sondern warfen, als die Franzosen herankamen, die Gewehre fort, hoben die Arme und ließen sich gefangennehmen.

Heute abend, als ich Mamschens Bettsachen holte, wurde mir von den Wache schiebenden Franzosen sehr nachgerufen „Madame, Madame". Die Männer standen alle in Gruppen beisammen. Erstaunlich, daß das noch erlaubt ist. Es ist ein Jammer! Die Leute sind wirklich mit den größten Erwartungen herangegangen und nun natürlich schon sehr enttäuscht und verängstigt.

Heute abend wurde das Gerücht verbreitet, deutsche Soldaten seien im Anmarsch. Davor haben alle schreckliche Angst, teils wegen militärischer Verwicklung, teils, daß das ganze Dorf zur Strafe für sein Verhalten angesteckt werden könnte. Mir scheint es nach dem, was ich erlebte, unwahrscheinlich, daß wir noch viele deutsche Soldaten sehen. Geschossen wird noch gelegentlich, heute nachmittag sogar noch mit Artillerie. Keiner weiß, was es bedeutet, und ob es uns etwas angeht. Und erstaunlich ist, wie anders man die Flieger ansieht, seitdem man denkt, daß die nichts mehr von uns wollen.

Der Soldat im Schlafzimmer

20. April 1945

Heute früh war alles völlig verzweifelt, aber heute abend ist der Spuk für den Augenblick vorüber, und nun hofft man, daß wir vielleicht das Schlimmste, das Allerschlimmste wenigstens, hinter uns haben.

Ich ging um halb elf zu Bett und schlief, da ich todmüde war, sofort und ganz fest ein. Ich wachte davon auf, daß ich jemand die Treppe heruntergehen hörte. Ich horchte eine Weile und stand dann auf und ging zu Mamschen hinein, die im Wohnzimmer auf der Couch schlief. Sie berichtete folgendes: Sie sei davon aufgewacht, daß die Zimmertür mit Knall aufgegangen und ein Soldat mit einer Kerze in der Hand hereingekommen sei. Sie hat ihn ganz entsetzt gefragt, was er wolle und was denn los sei und ob er Franzose sei, wozu er nickte. Als sie sich dann in ihrem Bett immer höher hob und ihn nochmals beschwor, zu sagen, was er wolle, streckte er ihr die Hand hin, sie sagte, „au revoir, Monsieur", wozu er lachte, auf dem Absatz kehrt machte und ging.

Es hat uns beiden doch sehr den Atem verschlagen, und wir haben beide keine Minute mehr geschlafen. Nach einer Viertelstunde, als alles ruhig blieb, offenbar also niemand im Hause war, ging ich noch mal die Treppe hinunter. Die Haustür stand offen, der Schlüssel steckte von innen. Es war mir zunächst völlig schleierhaft, wie er, da das Schloß ganz unbeschädigt war, hineingekommen sein konnte. Am Morgen stellte es sich heraus, daß er durchs Küchenfenster eingestiegen ist. Er hat sämtliche Räume und sämtliche Behältnisse durchwühlt, zum Beispiel aus unserem großen Koffer die Bücher auf den Boden geworfen, den Küchenschrank abgeräumt, aber ich vermisse nichts als ein Küchenmesser.

Wir sind aber, dank dem rührenden Eindruck, den Mamschen mal wieder gemacht hat, sehr glimpflich davongekommen. Es ist nachher um zwölf ein großer Trupp Marokkaner mit dem Kapitän gekommen, sie sind in viele Häuser eingedrungen, haben überall alles durchgewühlt und herausgerissen, viel in Autos mitgenommen und, nach glaubwürdigen Angaben, 20 Frauen vergewaltigt. Es ist eigens ein Arzt aus Tübingen gekommen, der sie alle besucht und diese Zahl angegeben hat. Ich nehme an, daß er ihnen Spritzen gegen Syphilis gegeben hat.

Mein Tag ist dann fast ausschließlich mit Dolmetschen vergangen. Um 7 Uhr früh kam schon als erstes Frau G., ich müsse wegen dieser Vorfälle mit dem Kapitän sprechen, dann kam mehrmals Frau F., sie solle ein Essen richten, könne sich aber nicht verständigen, was es geben solle. (Mit meiner Hilfe einigte man sich für das Mittagessen auf Kartoffelsalat, Suppe von Hühnerbrühe, Tomatenmark und Nudeln – Tomaten und Hühner wurden gestellt, letzteres natürlich aus Dorfbeständen, Kaninchen gebraten mit grünen Bohnen und eine Creme, für die er fünf Eier überreichte. Für den Abend war vorgeschlagen: Wieder Kartoffelsalat, Brühe vom Huhn mit Eieinlauf und gebratenes Huhn mit Sauerkraut.) Der Küchenchef war von herrlicher Wichtigkeit, gab den finishing touch selbst, überließ aber sonst das Kochen Frau F., für sieben Personen übrigens, drei Offiziere und vier Ordonnanzen eingeschlossen.

Außerdem kamen pausenlos ganz aufgelöste Leute, ich solle mit dem Kapitän verhandeln, wohl vier- oder fünfmal, weil Schwarze in ihrer Wohnung säßen, so daß sie nicht hineinkönnten (es wurde ihnen jedesmal ein Soldat mitgegeben, der die Schwarzen herausholte). Einer meldete ein Elektromotorendepot, ob er das abliefern müßte, einer eine Pistole, die in seiner Wohnung läge, aber ihm nicht gehörte. Mehrere beklagten sich über gestohlene Sachen, dann mußte ich mit Quartier machen.

Nach Tisch, als sich die furchtbaren Eindrücke des Vorgefallenen häuften, gingen Mamschen und ich zusammen zum Kapitän und sagten ihm, die Leute wagten nicht, in ihren Wohnungen zu bleiben, er müsse heute nacht mindestens Patrouillen gehen lassen. Er sagte, daß wo Militär liege, sollten die Leute fort, wenn sie blieben, so auf eigene Gefahr. In den Häusern, wo kein Militär sei, bürge er dafür, daß diese Nacht nichts geschehe. Einen hatte er vor Frau G.s Augen geohrfeigt, und er würde Patrouillen gehen lassen.

Den interessantesten Fall hatte ich am Schluß. Es sind schon einige Zivilfranzosen mitgekommen. Sie haben sich auf eigene Faust in Häuser einquartiert, die Eigentümer ausgeschlossen und in einem Fall ihren Rucksack und ihren Koffer mit Wäsche, Schuhen und Kleidern der Wirtsleute gefüllt. Ich fragte den Kapitän, ob er auch über die Zivilisten Gewalt habe, er verwies mich an die Polizei, die demnächst, vielleicht schon morgen oder übermorgen, eintreffen würde. Bei dieser Besprechung erklärte er mir, er müsse fort, ging über die Straße und ich folgte ihm. Er sah einen Wagen voller Bettstücke, fragte, wo die Leute hinwollten. Ich sagte, „ils n'osent pas rester chez soi" (sie wagen es nicht, in ihrem Haus zu bleiben). Darauf er, das ist nicht nötig, wir gehen heute. Ich sagte ihm, er möge verzeihen, daß ich enchantée sei und rief sofort den Leuten zu, sie könnten nach Hause gehen. Sie haben buchstäblich geschluchzt vor Erleichterung und ebensoviele, die es hörten. Ich ging dann nochmal mit der Frau mit nach Hause, die die Zivilisten bei sich hatte. Wir haben ihnen aber nur noch zwei Kleider abgejagt, alles andere hatten sie schon verpackt und weigerten sich hartnäckig, es herauszugeben. Ich bekam harte Dinge zu hören, wie ihnen 1940 alles genommen worden sei und sie für Deutsche und Deutschland arbeiten mußten. Ich versuchte noch ein letztes, ging mit der Frau zum Rathaus, wo alles abmarschbereit stand, und versuchte, ein paar mir nun schon bekannte Soldaten dafür zu gewinnen, daß sie den Zivilisten die Sachen abnähmen. Aber überall bekam ich den gleichen Einwand zu hören: Ihr habt es in Frankreich ebenso gemacht. Ich fürchte, das werden wir noch oft zu hören bekommen.

Wir hatten den ganzen Tag ums Haus herum einen tollen Betrieb. Zehn Marokkaner bei der Bäckerei, die sich und ihre Sachen wuschen, herrliches Brot buken, Hühner schlachteten, vor dem Haus ein dauerndes Kommen und Gehen, weil unsere Scheune Depot geworden ist. Unter die Kinder ist bereits Schokolade verteilt.

Trockenes für Jammergestalten

22. April 1945

Der Morgen fing heute damit an, daß ich um halb 8 Uhr heruntergeholt wurde: Ich solle für ein paar Deutsche dolmetschen, die gerade ganz erschöpft hier angekommen seien und sich ergeben wollten. Ich habe solche Jammergestalten wirklich mein Lebtag noch nicht gesehen, selbst nicht in den schlimmsten Jahren in der finstersten Gegend des Weddings, fast schwarze Gesichter, tiefe Schatten unter den völlig übermüdeten Augen, schlotternd vor Nässe und Kälte (wir hatten die Nacht schwere Gewittergüsse und erhebliche Abkühlung). Sie kamen aus einem Kessel in der Nähe von Calw, später kamen noch welche aus einem Kessel bei Herrenberg. Wo sie hinkämen, sei es schon wieder zu, ihre Division sei in völliger Auflösung. Sie waren teilweise drei und vier Tage unterwegs, ohne Verpflegung, hatten teilweise Verwundungen, ganz wunde Füße, viel anders kann die napoleonische Armee auf dem Rückzug auch nicht gewesen sein.
Überall nur Erleichterung, daß der Krieg aus ist, merkwürdig wenig Sorge um die Zukunft. Ein Schlesier schwamm in Tränen, weil er noch keinerlei Nachricht von seiner Familie hatte. Der Unangenehmste war ein Berliner, der allerdings auch erst am 22. März von einem Genesungsurlaub wieder an die Front gekommen war, ein Gastwirt aus Heiligensee. Die Marokkaner seien furchtbar im Kampf, metzelten auch die Verwundeten, vor ihnen liefen selbst die besten deutschen Soldaten davon.
Der eine Marokkaner nahm voller Herzlichkeit die Soldaten in Empfang, erlaubte, daß sie gleich heißen Kaffee und Brot bekamen, die Leute brachten ganz rührend trockene Socken, Unterhosen, Hemden an, sie schliefen wie tot, bekamen herrliches Mittagessen, der Berliner streute Zehn-Mark-Scheine für die Sparbüchsen der Kinder um sich und Lebensmittelmarken, jetzt um vier Uhr wurden sie mit Autos abgeholt, ich sah gerade, wie die Marokkaner ihnen die Armbanduhren abnahmen, dafür aber sie freundlich zum Sitzen aufforderten.
Heute früh kam der Bürgermeister mit einem französischen Offizier hier vorgefahren, weil er ihn nicht verstehen konnte. Er wollte Autoreifen beschlagnahmen, also gibt es doch etwas, was bei den Alliierten knapp ist. Ge-

stern hatte mich der Pfarrer bitten lassen, ob ich dafür sorgen könne, daß ein Radio wieder freigegeben werde, damit man wüßte, was in der Welt los ist. Der Elsässer sagte: Gern, sobald wieder Strom ist. Ich besuchte dann den Pfarrer, um ihm Bescheid zu sagen.
Wir haben uns recht gut unterhalten, vor allem über die Verbindlichkeit von Verordnungen, die gegen das Sittengesetz verstoßen. Er ist begeisterter Naturrechtler, glühender Demokrat und Verfechter der „freien Persönlichkeit". Heute früh hielt er keine Predigt, sondern gab praktische Ratschläge zur Lage: Die Sicherheit des Hauses sei das oberste Gesetz, jeder solle sich Notausgänge und Verstecke sichern. Es werde die Stunde kommen, wo nicht nur nach den Werken der Bibel der zweite Mantel abzugeben wäre, Alkohol sollte, wenn er nicht wirklich gut versteckt werden könnte, lieber weggeschüttet werden.
Am Schluß sagte er nach Herausschicken der Männer, man könne ärztliche Hilfe haben, wenn das Ärgste passiert sei, bis sie kommen, würde die Schwester Oberin kommen und das Nötige (?) unternehmen. Wem es passiere, trage im besonderen Maße die Bußlast und sei der besonderen Gnade Gottes gewiß.
Beim letzten Lichtschimmer kann ich schnell noch ein paar Worte schreiben. Seit zehn Minuten sind wir feindfrei. Es hatte sich noch eine große Menge deutscher Soldaten angefunden, die alle zusammen im Rathaus saßen. Als sie ein menschliches Rühren ankam, wurde wieder nach mir geschickt, und da ich gerade bei B.'s war, übernahm Mamschen das Dolmetschen. Der Marokkaner lehnte es ab, sie hinauszulassen. Man einigte sich dann auf einen Eimer, der ihnen hingestellt wurde. Jetzt eben wurden sie alle mit einem großen Lastauto mit Anhänger abgeholt, und die beiden Marokkaner fuhren mit. Nun bin ich neugierig, wann die Police kommt und wie sie aussieht.

Kein Streichholz für die Fahne

23. April 1945

Heute nacht wachte ich um halb ein Uhr von Klopfen und Stimmengewirr auf. Ich kriegte erst einen Todesschreck und dachte, es wären wieder neue Marokkaner. Aber es klang ganz friedlich, und so machte ich schließlich einen Laden auf. Da standen zu meiner freudigen Überraschung 16 sehr vergnügte deutsche Soldaten, ohne Waffen, die nach der Ortskommandantur fragten und sich zu ergeben wünschten. Es waren fast lauter Ostpreußen, ganz jung, und reizende Kerle dabei. Sie erzählten wieder das gleiche wie die gestrigen: Sie seien von einem Kessel in den anderen gelaufen, und nun hätten sie es satt. Ihnen sei ein Ziel angegeben, 30 Kilometer entfernt, dort sei es aber sicher auch schon wieder zu, jetzt wollten sie ihre Ruhe haben. Ein Zuhause gebe es für sie ja sowieso nicht mehr, von ihrer Familie hätten sie alle seit Dezember nichts mehr gehört, so sei es egal, ob sie noch ein oder zwei Jahre nach Frankreich gingen oder nicht.
Sie bekamen dann Kaffee und Brote, schliefen in unserer Scheune, wurden am Morgen von einem einsammelnden Franzosen (eine ständige Erscheinung, manchmal nehmen sie auch Hühner; heute behauptete er, für das Rote Kreuz zu sammeln, sie kommen immer in Rote-Kreuz-Autos) besichtigt, der sagte, sie sollten sich in der Mairie aufhalten, dürften beköstigt werden und würden abends abgeholt.
Wir haben das mit der Mairie nicht ganz ernst genommen, sondern sie haben sich den ganzen Tag vor den Häusern aufgehalten, Ziehharmonika gespielt und sind herrlich mit Flädle, Most und Brot verpflegt worden. Ihre Uhren haben diesmal wir ihnen abgenommen und sie mit ihrem Namen aufgehoben, man lernt, leider immer erst, wenn einiges schon versäumt ist. Der Vormittag verging ziemlich friedlich, um halb drei wurde ich aber herausgerufen, man brauche eine Französisch sprechende Person. Ich fand ungeheuer muntere Offiziere, typische Etappenschweine, die mir eröffneten, es kämen für ein bis zwei Tage 130 Mann, darunter 30 Offiziere. Er brauche ein Massenquartier für die 100 Mann, zwei Büros, Garagen für acht Wagen und 30 schöne Einzelquartiere, die er jetzt sofort sehen und qualifizieren wolle.

Wir sind also mit dem Bürgermeister durch das ganze Dorf gegangen und haben alle in Betracht kommenden Zimmer angesehen und einklassifiziert, mit der Nummer eins bis zehn. Zehn ist die Beste. Die klugen Leute haben sich einen Offizier gesichert, als einzig wirksamer Schutz gegen die Schwarzen.

Als wir im Rathaus waren, verlangten sie, auch auf den Boden zu gehen. Dort lagen schön ausgebreitet zwei riesige Hakenkreuzfahnen, jede in der Größe einer kleinen Stube. Mir blieb das Herz stehen, aber sie lachten sich krank, machten Heil Hitler und gaben mir den Rat, sie zu verbrennen. Das Ganze war höchst amüsant, aber doch auch anstrengend. Nicht nur, daß ich fast drei Stunden lang pausenlos dolmetschen mußte, ich mußte den Leuten praktisch die Entscheidung, ob sie sollten oder nicht, meist abnehmen. Wenn sie mit ihren tausend Bedenken kamen, sagte der Offizier „Pas de discussion. Oui ou non!", und dann sagte ich meist von mir aus das Oui oder Non. Erstaunlich war, was für Raum mit einem Mal auftauchte, der vor den Evakuierten streng geheimgehalten war. Allerdings wollten sie halt alle gern als Schutz einen Offizier haben und schlafen aus Angst vor den Schwarzen sowieso dicht beisammen.

24. April 1945

Morgens kamen gegen neun Uhr eine Unmenge Autos. Ich wurde sehr bald gerufen, weil noch mehr Quartier beschafft werden müßte. Statt 30 kamen 69 Franzosen. Dann sollte ich eine Verkaufsgelegenheit schaffen für die Sachen, die die Soldaten brauchen: Briefpapier, Zigaretten et cetera, die verhältnismäßig leicht in einem der drei Läden des Orts unterzubringen war. Im Gehen sagte ich dem Bürgermeister noch mal, daß er die Fahnen verbrennen solle. Er war ganz verzweifelt, weil er dem Gemeindediener, K., gestern abend den Auftrag gegeben, der aber heute früh auf Befragen erklärt habe, daß er kein Streichholz gehabt und er daher nicht angezündet hätte. Nun trauten sie sich nicht mehr ins Rathaus hinein, weil eine Wache davor stünde, außerdem würde doch auffallend sein, wenn mit einem Mal so schwarzer Rauch käme.
Ich fand speziell das letztere nicht so gefährlich, ging mit K. einfach und unbehelligt rein ins Rathaus, und dort nahmen wir dann gemeinsam den Akt der Verbrennung vor. Ich fand es mehr als belustigend als feierlich.

Die Marokkaner in die Schule

24. April 1945

Ein frecher kleiner Franzose vom Maquis, wie er sehr stolz berichtete, versuchte hier auf eigene Faust Marokkaner in Privatquartiere unterzubringen, obwohl sie doch alle in der Schule schlafen sollen, und hat mir damit eine höllische Arbeit gemacht. Erst hatte ich für einen Küchenmarokkaner, der angeblich absolut privat schlafen müßte, mit vieler Mühe unter mehrfachem Tauschen einen Platz gefunden, dann wurde ich vom Unteroffizier gerufen, der gestern Quartier gemacht hatte und der mindestens wie bei uns ein Major aussieht, zur Vernehmung der vier Schwarzen, die gestern hier waren und die allein für einen Gewaltakt der vergangenen Nacht in Frage kommen. Einen konnten wir mit Sicherheit identifizieren, den anderen nicht. Was mit ihnen geschieht, war nicht ganz herauszukriegen. Es wurde ihnen mitgeteilt, sie könnten sofort erschossen werden, offenbar beabsichtigte man aber nicht, es zu tun.

Am meisten beschimpft wurde der im ganzen furchtbar nette marokkanische Unteroffizier, der sie bewachen sollte und nicht aufgepaßt hat. Ihm wurde Deklassierung in Klasse II angedroht. Ich fragte am Schluß, wenn schon bei vier Marokkanern ein solcher Fall passiert sei, wie es heute nacht mit 100 sein würde. Der Unteroffizier meinte darauf, wir sollten ausklingeln lassen, daß keiner unter gar keinen Umständen nachts öffnen dürfe. Ich fragte ihn dann noch, warum nun doch einzelne Marokkaner in Privatquartiere sollten, worauf er meinte, das sei keinesfalls seine Absicht, er wolle keine Ausnahme, und der Marokkaner solle auch in der Schule schlafen.

Die Leute geben mir alle etwas, wenn ich mich ihrer annehme. Die Aufzählung meiner Erträgnisse kann ich inzwischen noch vermehren um einen Liter Milch, zwei Büchsen Fleischkonserven und das Versprechen von Strümpfen für die Kinder. Die Fleischkonserven kommen von zwei Franzosen, die mir beweisen wollten, was sie für gute Menschen seien, weil eine Frau schrecklich jammerte, weil sie sie aufnehmen sollte. Es ist nicht sehr angenehm zu hören, „nous ne sommes pas des allemands, nous sommes des français". Ich schwöre, daß unsere Kinder Sprachen lernen müssen. Ich wünschte, ich könnte sie noch viel besser. Ich habe mich heute auch mit einem furchtbar netten Franzosen ausführlich unterhalten. Man hat doch überwiegend den Eindruck, daß die Leute gutwillig sind und uns nicht systematisch ausrotten wollen. Aber auch wenn sie es wollten, sind sie ja zu höflich, um es zu sagen.

Heute nacht soll ein deutscher Oberleutnant im Dorf gewesen sein und um Milch gebeten haben. Er sei noch mit vielen Leuten oben in den Bergen, wolle sich aber nicht ergeben, sondern sich durchschlagen. Er fragte nach einer Möglichkeit, über den Neckar zu kommen.

25. April 1945

In Wurmlingen hat sich alles ziemlich genauso abgespielt wie hier, nur daß die Frauen, ehe die Franzosen kamen, versuchten, die Panzersperren zu entfernen. Es kam aber immer wieder SS von Tübingen, um zu kontrollieren, ob sie noch geschlossen seien. Sie hatten eine Wache aufgestellt und sprangen dann in ein Versteck. Die Franzosen gingen als erstes aufs Rathaus, setzten dem Bürgermeister die Pistole auf die Brust und verlangten die Entfernung der Panzersperren und Übergabe des Dorfes binnen zwanzig Minuten. Sie verlangten aber ausdrücklich, daß die Männer, nicht die Frauen, sie wegmachen müßten.

Zwei sehr nette Holländer, die mit W. zusammen gearbeitet hatten, kamen am nächsten Tag, um sich zu verabschieden. Sie durften sofort nach Hause. Wie mag ihnen zumute sein! In Wurmlingen haben sie jetzt sogar 400 Soldaten und müssen für viele kochen.

Heute vormittag kamen alle möglichen Leute, die Passierscheine haben wollten oder ihre Radios wieder wollten. In beiden Fällen konnte ich nicht viel tun. Passierscheine stellt der Kapitän grundsätzlich nicht aus. Man darf sich nur drei Kilometer vom Ort entfernen. Es sind aber schon einige in Tübingen gewesen, ohne daß sie irgendwelche Schwierigkeiten hatten. Die Radios geben sie auch noch nicht zurück. Ich konnte nur veranlassen, daß die Offiziere, die bei den Leuten wohnen, welche holen. Meinen Apparat werde ich wohl nicht wiedersehen. Die Feldpost ist jetzt hier groß im Gange, und heute mußte ich beim Abwiegen von Päckchen helfen. Da waren verschiedene Apparate dabei. Die Soldaten fühlten sich übrigens doch bewogen zu behaupten, sie stammten aus dem Elsaß.

Munition trifft Kinderaugen

25. April 1945

Ein Kind hat heute mit herumliegender Munition gespielt, die explodierte und ihm einen Arm und beide Augen ausriß. Die Franzosen stellten sofort ein Auto, das es ins Krankenhaus nach Tübingen fuhr. Ich habe den Auftrag, dafür zu sorgen, daß ein großer Haufen deutscher Munition, der noch vor dem Schwesternhaus liegt, möglichst bald entfernt wird. Die jetzigen Truppen wollen sich für unzuständig erklären, das sei Aufgabe der Genietruppen, wir könnten es aber auf eigene Faust entfernen und an irgendeinem sicheren Platz hinterlegen, daß kein Kind damit spielen kann. Endgültig soll morgen ein Kapitän darüber entscheiden. Er soll nach den Berichten seiner Leute sehr wenig erfreulich sein, grundsätzlich nein sagen, weil die Deutschen in Frankreich auch zu allem nein gesagt hätten. Sie warnen daher, noch viel zu fragen.

Ein paar wirklich sehr nette Franzosen habe ich wieder gesprochen. Heute nachmittag, als ich mit E. zum erstenmal wieder auf meinem Stück Feld arbeitete, kamen zwei ganz reizende, ganz junge, die der marokkanischen Gebirgstruppe angehören, die beritten sind, und wo die Männer so lange weiße Mäntel tragen wie die Beduinen auf alten Bildern. Sie sollten für die eingeborenen Offiziere eine Henne holen. Es werden extra Weiße geschickt, damit die Schwarzen nicht in die Dörfer kommen. Sie hatten sehr ordentlich bon de requisition bei sich, der Name des Eigentümers wurde ausgefüllt und ein Preis eingesetzt, das Geld kann er sich dann auf dem Rathaus holen. Da jeden Tag bis zu 30 Hühner geholt werden, hat der Bürgermeister es jetzt so eingerichtet, daß immer ein Haus nach dem anderen drankommt. Die beiden Franzosen haben aber rührend geduldig fast eine halbe Stunde gewartet, bis das Huhn herbeigeschafft war und inzwischen Schauerdinge über die Deutschen in Frankreich erzählt.

Heute früh wurde ich noch einmal als Dolmetscher zitiert wegen der Geschichte (Vergewaltigung) von gestern nacht. Es sollte noch einmal festgestellt werden, ob über den zweiten Mann Sicherheit gewonnen werden könne. Die Frau behauptete dann auch heute, daß sie ihn wiedererkenne. Mir

war nicht ganz wohl dabei. Er kommt vor ein Feldgericht, und es scheint, daß es ihn den Kopf oder lebenslängliche Zwangsarbeit kostet.
Heute nachmittag wurde ausgeschellt, daß, wer deutsche Soldaten beherbergt, sie beköstigt oder ihnen Zivilkleider gibt, mit dem Tode bestraft wird und daß außerdem das Dorf angezündet wird, auch heute früh hatten sie einen Wurmlinger gefangen, zwei Kilometer von zu Hause. Das ist doch wirklich ein Jammer. Und ein netter Franzose, den ich gefragt hatte, ob seine Mutter ihn nochmal besuchen könne, er war aber schon fort, hatte gesagt: Gott, seid ihr dumm! Der hätte sich doch Zivilkleider verschaffen und nach Hause gehen können. Kein Mensch hätte dort nach ihm gefragt.

26. April 1945

Die Franzosen müssen einen schönen Eindruck von unserer Armut bekommen. Heute wurde ich einmal gebeten, das Benzin von einem Auto zum Reinigen von Anzügen zu erbetteln (es war aber wohl gefärbt) und dann zu einem Feuerchen geholt, das ein Marokkaner mitten im Dorf machte und wo er lauter teils unbedrucktes, teils mindestens unbeschriebenes Papier verbrannte. Ich sollte a) beanstanden, daß das in der Nähe der Häuser geschah, b) bitten, ob er das Papier nicht lieber uns zum Anzünden geben könne, was er mit einem großen Teil auch wirklich tat.
Die Munition habe ich nun glücklich untergebracht. Sie kommt in ein Zimmer des Rathauses, das abgeschlossen werden kann. Während ich das mit dem Bürgermeister erörterte, kam W. verzweifelt zu ihm, er müsse 31 Torten backen, wie er die Sach' dazu herbeischaffen solle. Der arme Bürgermeister mußte also heute abend noch 250 Eier auftreiben. Der Mann, der das forderte, hat unter Berufung auf sein zerstörtes Haus mit Erschießen gedroht, wenn die Torten nicht zur Stelle seien. Aber diese Einstellung ist doch die Ausnahme. Überwiegend sind sie wirklich sehr nett, gerade unter den jungen 20- bis 30jährigen habe ich wirklich ungewöhnlich Anständige, Kluge und Verständnisvolle gefunden.

Frau Professor zeigt Courage

27. April 1945

Ich bin gerade aus Tübingen zurückgekommen, gerade noch vor einem enormen Guß mit hagelartigem Charakter. Es war kein einziges Geschäft in Tübingen offen, so daß unter dem Gesichtspunkt der Besorgungen der Besuch nicht sehr lohnend war. Aber ich wollte ja vor allem nach Bärbel (Tochter) sehen, die munter war wie immer, diesmal aber erstaunlicherweise sehr danach verlangte, mit mir nach Hirschau zu gehen. Ich will sie auch möglichst bald holen, jedenfalls wenn es mit der Ernährung so mäßig bleibt, wie es jetzt ist.
Wir sind überhaupt nicht angehalten worden. Ich hatte mich mit drei Frauen zusammengetan. In Tübingen ist das Straßenbild verhältnismäßig lange nicht so verändert wie hier. Es gibt natürlich auch sehr viel Militär, aber es verläuft sich viel mehr. Ein paar erstaunliche französische Wesen waren zu sehen. Es gab numerierte Aufrufe bis zu Nummer sieben: Abgabe von Radio- und Photoapparaten, Androhung der Todesstrafe für Plündern, Verbot, Tübingen zu verlassen, Freigabe des Verkehrs nach Derendingen und Lustnau, Aufforderung, Schäden durch Marokkaner zu melden, Verlängerung der Lebensmittelkarten bis 27. Mai., Aufforderung an alle 17- bis 60jährigen Männer, sich für den Hilfsdienst zur Verfügung zu stellen.
Es laufen überall Männer mit weißen Binden herum. Die militärischen Büros sind zum Teil schon wieder abgezogen. Bei der 72jährigen Frau Professor H. kamen 20 Marokkaner mit einem Franzosen und wollten, daß sie die Wohnung räume. Sie erklärte aber, sie bliebe, briet ihnen mit Hilfe ihrer Tochter drei Hühner, kochte ihnen aus eigenen Beständen eine warme Suppe, ließ sie sich auf ihrem Flügel austoben, und am nächsten Morgen zogen sie ab, ohne ernsteren Schaden angerichtet zu haben. Das ist doch mutig. Aber in den etwas abgelegenen Villen ist viel passiert. Am schlimmsten soll ein Dorf bei Tübingen drangewesen sein, in dem keine Frau davongekommen ist, viele sieben- bis zehnmal, so daß 65 ins Krankenhaus mußten.
Hier im Dorf ist jetzt große und berechtigte Erregung über die Evakuierten. Die in der Schule haben sich mit den Schwarzen so angefreundet, daß sie regelmäßig mit ihnen essen. Sie und eine Reihe von Duisburgern teilen sich

mit den Franzosen die Torten, von denen aber die Schwarzen heute abend auch jeder ein Stück bei ihrer Abendverpflegung hatten.

Eine Duisburger Familie hat behauptet, sie brächte den deutschen Soldaten Essen rauf, hat es aber selbst aufgefressen. Dieselben haben vor der Eroberung erklärt, sie würden schießen als treue Soldaten Adolf Hitlers, jetzt stehen sie dauernd bei den Franzosen und betteln und kriegen auch viel von ihnen. Sie werden sehr traurig sein, daß sie morgen um 8 Uhr abziehen.

Es wird erwogen, ob man einfach hier im Ort schlachtet und verkauft. Ich habe dem Bürgermeister die Erlaubnis verschafft, daß er nach Tübingen geht, um dort mal mit der Kommandantur über diese ganzen Fragen zu sprechen. Es wird erzählt, daß der Sohn des früheren jüdischen Rechtsanwalts Hajum Oberbürgermeister von Tübingen werden soll, aber das wird wohl nur eine Kombination sein.

Wir haben heute wieder Rahm bekommen, weiß der Himmel, weshalb er nicht nach Tübingen geliefert wird, so daß die Armen gar keine Butter bekommen. Im Moment wird nur Brot verkauft, sonst nichts. Ich habe von dem Rahm in einem verbotswidrig noch vorhandenen Butterfäßchen ganz herrliche Butter gemacht.

In Tübingen haben sie die beiden ersten Neckarbrücken gesprengt, an der Sprengung der großen konnte man sie gerade noch hindern. Durch die Sprengung sind gerade in der Neckarhalde viele Fensterscheiben kaputt, und es gab noch heut in vielen Häusern kein Licht und kein Wasser.

Die Franzosen haben als Ausgleich für die beschlagnahmten Kartoffeln Kartoffelflocken zur Verfügung gestellt, die an die Evakuierten verteilt worden sind. Und die Leute, die Hühner abgeben mußten, haben wirklich Konservenbüchsen bekommen. Das ist doch allerhand und eine humane Art der Kriegsführung. Der Bürgermeister hat heute höchstpersönlich mir drei große Büchsen Fleisch mit Gemüse gebracht.

28. April 1945

Gestern abend war hier noch der alte Landrat in einem französischen Auto und verlangte fünf Stück Großvieh. Das gibt immerhin Hoffnung, daß es nächste Woche wieder Fleisch gibt. Daß der Landrat noch im Amt ist, ist ja wirklich erstaunlich.

Die Franzosen sind heute früh pünktlich abgezogen, nicht ohne wieder einige Radios mitzunehmen. Als sie fort waren, wurde ausgeschellt, wo noch ein von den Offizieren angebrachter Apparat stehengeblieben sei, sei er abzuliefern. Das ist ihnen offenbar furchtbar wichtig. Der Strom ist gesperrt bei Androhung des Stromentzugs für das ganze Dorf. Kollektivhaftung ist jetzt die Losung, ich fürchte, das haben sie von uns.

Hirschau 1930, wie es aber auch zur Zeit der französischen Besetzung wohl noch ausgesehen hat.

Mit Passierschein zur Hebamme

28. April 1945

Mein Rad ist in Tübingen aus der Werkstatt geklaut. Ich soll offenbar nicht radfahren lernen. Hier sind aber auch schon viele weg. Auf die Dauer sind wohl solche Sachen jetzt nicht zu halten. Die Marokkaner in Tübingen lernen alle radeln, es soll sehr komisch aussehen.
Heute abend war noch der Doktor da, der sich etwas Milch holte. Er erzählte wieder Schreckensgeschichten aus Berlin. Mussolini soll geschnappt und Generalleutnant Dittmar, der militärische Berichterstatter des Rundfunks, mit einer weißen Fahne über die Elbe zu den Amerikanern gefahren sein. Eine Geschichte, die etwas zu romantisch klingt, als daß sie sehr viel Wahrscheinlichkeit für sich hätte.
Während der Doktor bei mir war, wurde ich herausgerufen, zwei Franzosen standen vor der Bäckerei, man verstünde nicht, was sie wollten. Sie liefen offenbar Patrouille, wollten einen Kaffee und dachten, weil keiner aufmachte, es würden deutsche Soldaten verborgen. Der Doktor und ich wollten mit heraufkommen, als sie das Haus durchsuchten, wurden aber weggeschickt. Ich horchte aber nachher vom Küchenfenster aus, und es scheint ganz friedlich abgelaufen zu sein und mit einem gemeinsamen Glas Most geendet zu haben.

29. April 1945

Meine Praxis war heute mehr theoretischer Natur. Ein Mann kam, dessen Frau in den nächsten Tagen ihr achtes Kind erwartet. Er fragte, wie er zu einer Hebamme käme, wo doch kein Telefon geht und er nicht nach Tübingen darf. Ich empfahl ihm, er möge zwei seiner erwachsenen Töchter morgen nach Tübingen auf die Kommandantur schicken, damit sie ihm einen Passierschein besorgen. Aber was habe ich für einen Ruf: Er bat, daß ich seiner Frau beistände, falls die weise Frau nicht käme. Die Kinder kämen bei seiner Frau immer so furchtbar schnell, und da sei es doch gut, wenn einer dabei sei.

Jetzt sitzt Frau W. neben mir und dreht am Butterfaß. Sie hat unten gehört, daß ich nudelte und meinte, ich müsse doch müde sein. Sie ist jetzt rührend mit mir und hilft, wo sie kann. Kürzlich sechs Eier von einem, dem ich gar nicht geholfen habe, von der Fabrikantenfrau ein Pfund Strickwolle, das ist ganz herrlich, und gestern früh eine Flasche Öl von einer Frau, weil ich ihr zugeredet habe, einen Franzosen zu nehmen und er sei sehr nett gewesen. Die Franzosen gestern abend haben einer Frau auch ihren Trauring abgenommen, der eine mit der Aufforderung, dem anderen nichts zu sagen. Ich habe nun beschlossen, daß man das doch melden muß, und Mamschen hat mir eine sehr schöne Eingabe an Monsieur le Commandant de Tübingen aufgesetzt. Ich werde morgen mal hören, ob es der Pfarrer oder der Bürgermeister unterschreibt.

30. April 1945

Belebt wurde der Tag durch die verschiedenartigsten Gerüchte von Nachrichten, die am Radio durchgegeben worden sein sollen: es sei Waffenstillstand, vielleicht aber auch nur mit Italien – Berlin und München hätten sich ergeben – vielleicht aber auch nur München – Hitler sei tot oder schwer verwundet oder mit einem U-Boot weg, Mussolini sei erschossen, Himmler habe England und Amerika Deutschlands Kapitulation angeboten. Von der Nachricht, die mich den Tag über verhältnismäßig glücklich gemacht hatte, daß in Berlin wenigstens der Kampf aufgehört habe, wußte der aus Tübingen kommende Doktor heute abend nichts.

Der Landrat ist jetzt hier abgesetzt. Das ist kein großer Verlust. Er war ein ekliger Kerl und auch kaum sehr tüchtig. Heute war schon sein Vertreter hier. Vielleicht kann sich Hirschau in seiner Versorgung auch der Evakuierten selbständig machen. Das wäre für uns natürlich fabelhaft, aber ich finde es eigentlich nicht ganz gerecht und glaube, daß es mehr ein Versprechen des neuen Besens ist.

Übrigens hört man immer wieder, daß wir hier noch verhältnismäßig glimpflich davongekommen sind. In Poltringen schießen sie auf jeden, der nach 8 Uhr aus dem Fenster guckt (sie schießen überhaupt gern, auch wenn sie durch das Dorf fahren, knallen sie gelegentlich etwas in die Gegend oder drohen mit Handgranaten). In Pfrondorf haben die Schwarzen drei große Lastwagen mit Wäsche, Kleidern, Schuhen mitgeführt.

1. Mai 1945

Heute ist hier der Lehrer erschienen. Seine Kompanie ist aufgelöst worden, der Kompaniechef hat gesagt, jeder solle sehen, wie er nach Hause kommt. Er kam aber nur von Zwiefalten. Er hat sich gleich beim Bürgermeister gemeldet und war zweifelhaft, was er weiter tun solle. Ich riet ihm, daß er morgen jemand nach Tübingen schickt, der ihn dort auf der Kommandantur oder sonstwo meldet und weitere Befehle einholt. Zum einfach Hierbleiben hat er keinen Mut, und es ist ja wohl auch angesichts der Drohungen nicht zu empfehlen.

Mittags bat mich eine Frau, ob ich mit ihr nach Bühl gehen könne, ihr Mann solle dort im Gefangenenlager sein, und sie möchte ihn so schrecklich gern sehen. Nachmittags sagte sie aber ab, weil dort starke Besatzung sei und auf jeden geschossen würde. Und heute abend soll er nach Hause gekommen sein. 3800 Mann seien zur Arbeitsleistung in Frankreich zusammengestellt. Er könne nicht mit, weil er wegen einer Verwundung am Arm dort nichts tun könne und hätte für eine Weile nach Hause gedurft.

Militärische Zeremonie der französischen Besatzungstruppen auf dem Tübinger Marktplatz. Eine Aufnahme aus dem Jahr 1946.

Auf dem Marktplatz wird gehißt

3. Mai 1945

Es wird jetzt leider zu einer ständigen Einrichtung, daß der elektrische Strom völlig unregelmäßig kommt und geht, abends aber nicht da ist. Ich benutze die lange Dämmerung zum Buttern. (...) Der abgesetzte Landrat hat jetzt das Ernährungsamt. Das sieht nicht nach einem sehr scharfen Vorgehen gegen Parteileute aus.

4. Mai 1945

Gestern war ich in Tübingen. Die Läden sind jetzt, um es schwerer zu machen, immer nur umschichtig geöffnet, zwei Tage die Bäcker, zwei Tage die Metzger, zwei Tage die Kolonialwarengeschäfte. Fleisch ist fast unverändert, 200 Gramm wöchentlich für Erwachsene, 100 Gramm für die Kinder. Auch Brot geht, in vier Wochen 6000 Gramm für die Erwachsenen, 4000 Gramm für die Kinder, allerdings gar kein Mehl nebenher. Sonst gibt es noch gar nichts, Fett soll aber nächste Woche etwas aufgerufen werden. Die Geschäfte geben furchtbar viel unter der Hand ab, so daß es kein Wunder ist, wenn nichts mehr da ist. Da die Metzgerläden fast ebenso viel verkaufen wie früher und man früher schon lange warten mußte und sie jetzt nur zwei Tage offen sind, kannst Du Dir die Fülle vorstellen. Es standen vor einigen Läden wohl 200 Menschen, ich habe den Vor- und Nachmittag stehend verbracht, dafür aber sehr nett, auch noch für halb Hirschau und die K. eingekauft.

Das vorige Mal fand ich doch, daß man in Hirschau viel mehr von der Besatzung merke als in Tübingen. Diesmal war es umgekehrt. Hirschau ist ja nun schon wieder eine Woche völlig feindfrei, während es in Tübingen von Militär und sonstigen Ausländern wimmelt. Ich erlebte gerade die Fahnenhissung auf dem Marktplatz, wozu mehrere hundert Marokkaner aufmarschierten, rund um den Brunnen herum, voran eine Militärkapelle, ganz in Weiß, ein Tambourmajor voran und hinter ihm ein schwarzes Schaf. Sie spielten die drei Nationalhymnen, und das Ganze war doch schon ein erstaunliches Erlebnis. Zu Tränen rührte es mich nicht, wie viele Frauen um mich herum. Leid taten mir 20 oder 25 Männchen, deutsche Beamte, die vor dem Rathaus stehend es mit ansehen mußten: der stellvertretende Bürgermeister, ein Landgerichtsrat, die Spitzen der einzelnen Ämter et cetera. Interessant waren wieder die Anschläge in Tübingen. Sie gehen jetzt bis Nummer 13. Einer erklärt das Soldatengeld als allgemeines Zahlungsmittel, einer fordert die Tübinger auf, das in letzter Zeit zuviel abgehobene Geld wieder zurückzugeben an die Geldinstitute, einer gibt bekannt, daß diejenigen, die jetzt gar keine Einnahmen und auch kein Geld mehr im Haus haben, sich einen Vorschuß auf dem Sozialamt holen können, einer enthält die Lebensmittelaufrufe. Ein Tagesbefehl der ersten französischen Armee, in dem sie für ihr heldenhaftes Vorgehen über Rhein und Donau gelobt werden, ist riesengroß angeschlagen. Interessant ist ein Aufruf von Eisenhower: „Wir kommen als Sieger, nicht als Unterdrücker. Wir werden den deutschen Militarismus und den Nationalsozialismus ausrotten. Gerichte und Erziehungsanstalten sind bis auf weiteres geschlossen."

8. Mai 1945

Tübingen ist überhaupt nicht mehr restlos erfreulich. Tante H. traf ich an, wie sie einen Marokkaner um Schokolade anbettelte. Ich sprach dann eine Weile mit ihr, und mit einem Mal tippte der Marokkaner auf meinen Ring, besah ihn sich genau und fragte dann, „vous êtes mariée, Madame"? Offenbar war er ihm dann aber doch nicht gut genug. Hätte er weitere Anstalten gemacht, ihn zu nehmen, da hätte ich ihm gesagt, daß er nur ein 333er sei.

9. Mai 1945

Es ist richtig heiß und schwül. Morgen ist Himmelfahrt, die letzten drei Tage waren die Bittprozessionen bis rauf auf die Wurmlinger Kapelle einmal. Alles strahlt, daß sie das wieder dürfen. Die vielen französischen Autos werden sich gewundert haben, in dem Nazi-Deutschland eine solche Wallfahrt zu sehen. Hier ist das wenige, was der Nationalsozialismus gewirkt hat, schon wieder restlos vergangen. Erstaunlich und schrecklich, wie schnell. Einen Maquis wird es bei uns nicht geben, die Werwolfbewegung kaum viel Anhänger finden. Die Feinde werden es nicht glauben wollen, wie willig sich alles fügt. Sie wollen halt nichts als ihre Ruhe jetzt. Und man wird ja so bescheiden. Was schien es mir und allen früher schrecklich, wenn in der Zeitung stand, daß die Männer noch jahrelang im Ausland arbeiten sollen. Und jetzt sage ich und höre es allgemein: Was macht das schon, wenn sie nur überhaupt wieder kommen.

Wirft der Feind Kartoffelkäfer?

13. Mai 1945

Es ist sehr interessant, der Wahrheit von Gerüchten nachzugehen. Sie stimmen wirklich ganz selten. Es wurde erzählt, in Unterjesingen hätten sie einen erschossenen Franzosen gefunden, und obwohl das Dorf gar nichts mit ihm zu tun und es sogar selbst angezeigt hatte, habe es eine Kontribution von einer halben Million Dollar zahlen müssen, die man dann vor den Augen des Dorfs verbrannt habe. Wahr ist vielmehr, daß sie nachweisen konnten, daß sie mit dem Toten nichts zu schaffen hatten und nichts zu zahlen brauchten.
Von Reutlingen wurde erzählt, ein Häuserviertel, aus dem geschossen wurde, sei von den Franzosen angesteckt worden, und die Bewohner hätten nicht herausgedurft und seien verbrannt. Wahr ist auch nur, daß sie in das Viertel mit Artillerie hineingeschossen haben, so daß es lichterloh brannte, so daß die Leute nicht mehr ihre Sachen, wohl aber sich selbst retten konnten. Sonst ist in Reutlingen nicht viel passiert, aber es ist noch kein Lebensmittelgeschäft offen. Über Stuttgart ging hartnäckig die Mär, sie hätten dort auch noch einmal geschossen und seither nur zwei Stunden am Tag Ausgang. Auch das ist nicht wahr, aber zu kaufen gibt es nur einen Laib Brot in der Woche, sonst nichts. Tübingen ist offenbar besonders gut dran, letzte Woche hat es sogar ein halbes Pfund Butter und ein Viertel Pfund Butterschmalz pro Person gegeben.

Wahr scheint die Geschichte von dem Stützpunktleiter in Pfrondorf, der seinen Franzosen erschossen hatte, weil er es mit seiner Frau hatte. Die Franzosen forderten von dem Dorf seine Auslieferung. Er floh, und alle Frauen und Kinder zogen aus, um ihn zu suchen. Sie fanden ihn, aber kurz vor dem Dorf entwischte er ihnen wieder. Darauf nahmen die Franzosen fünf angesehene Bauern als Geiseln und setzten eine Frist. Am nächsten Morgen erschoß sich der Stützpunktleiter in seiner Scheune.

17. Mai 1945

Die Praxis belebt sich wieder und bekommt jetzt auch ausgesprochen juristischen Anstrich. Vorgestern mußte ich über Kündigungsmöglichkeiten gegenüber Mietern Auskunft geben. Entgelt: ein großes Stück Fett. Aber ich finde es ausgesprochen schwierig, auf diesen Gebieten, die doch so reine Ermessenssache sind und wo es kein klares Recht oder Unrecht gibt, eine richtige und gerechte Auskunft zu geben. Und besonders schwierig ist es, daß man von dieser Partei ein Entgelt bekommt, das nahrhafter ausfällt, wenn man ihr Recht gibt. Erstaunlich ist es dann auch, mit einemmal von der anderen Seite aus zu sehen, nicht der Platz suchenden Evakuierten, sondern des seit Jahren in seinem Platz beschränkten Hauseigentümers.
Heute früh wurde ausgeschellt, a) daß alle Evakuierten, die nach Hause wollten und noch keinen Passierschein hätten, ihn sich auf dem Rathaus abholen könnten, also mit einemmal ein sehr vereinfachtes Verfahren, b) daß alle Gewalttaten, Plünderungen und Vergewaltigungen auf dem Rathaus gemeldet werden sollten, c) daß alle nach Kartoffelkäfern suchen müßten. Er ist in riesigen Mengen aufgetreten. Aber es ist wohl nicht so, wie die Leute teilweise vermuten, daß ihn die Feinde abgeworfen haben, sondern er wandert jedes Jahr um etwa 100 Kilometer weiter ostwärts. Ein Mann aus Freiburg erzählte, daß sie ihn dort voriges Jahr ganz schlimm gehabt, trotzdem aber mit Hilfe heftigen Suchens eine ausgezeichnete Kartoffelernte gehabt hätten.

Plakate für die letzten Zweifler

26. Mai 1945

In Stuttgart soll jetzt eine französische Verwaltung mit amerikanischer Spitze sein. Das ist nicht unbedingt die angenehmste Lösung. Immer wieder hört man, daß die Amerikaner zwar fabelhaft Disziplin halten, nichts plündern, nichts wegnehmen, aber sie behandeln eben die Deutschen im ganzen als mindere Rasse, seien unnahbar, stur in der Durchführung ihrer Bestimmungen, so daß man teilweise den Franzosen eher nachweine.
Im ganzen hat man das Gefühl, daß sich die Sieger noch keineswegs einig sind, was sie mit uns tun wollen, wer was bekommt, wie wir regiert werden sollen und vor allem, wie man es mit den Russen hält. Churchill soll zurückgetreten sein und die Labour Party an der Regierung.
Vorgestern abend klopfte es mal wieder fürchterlich an der Bäckerei hinter uns, und die Bäckerstöchter riefen mich angsterfüllt herbei. Es waren sechs Franzosen, die etwas zu trinken haben wollten, nicht glaubten, daß kein Wein da sei und dann alle Räume und Keller durchsuchten. Sie fanden zwei Weinflaschen und eine große Schnapsflasche und nahmen alles mit. Die Kisten und Koffer durchsuchten sie, nahmen aber nur im allerletzten Moment, als wir alle schon oben waren, ein Paar Schuhe mit. Dem Unteroffizier, der dabei war, war es offensichtlich unangenehm, er rührte nichts an. Anschließend gingen sie in die beiden anderen Wirtschaften und nahmen dort auch Wäsche, Bestecke und Radios. Es wird auf mein Konto geschrieben, daß sie in der Bäckerei verhältnismäßig ordentlich waren – ich glaube vielmehr, daß sie sich erst Mut angetrunken haben. Am folgenden Tag kam übrigens gleich der Landjäger und nahm den Tatbestand auf.

28. Mai 1945

Heute waren die ersten Amerikaner da, aber nicht zur Machtübernahme, sondern wohl aus privaten Gründen. Sie fragten nach Waffen, Radios und Photos, gaben sich aber sofort zufrieden, als sie hörten, daß die Franzosen schon alles hätten mitgehen lassen. Es waren reizende Burschen, nur schrecklich schwer zu verstehen mit ihrem Amerikanisch. Sie waren Jabo-Flieger und gestanden auf meine Frage, daß ihre Tätigkeit awfully (schrecklich) gewesen sei. Ich fragte, ob jetzt auch Amerikaner in Berlin seien und seufzte, als sie antworteten, daß nach wie vor Russen dort wären. Er sagte: „C'est la guerre." (So ist der Krieg.) Worauf ich antwortete, „but war is finished" (aber der Krieg ist zu Ende). Darauf er: „Here". Großer Gott, wenn wir gleich noch den Krieg gegen Rußland bekommen.

Von dem jüdischen Oberbürgermeister ist noch nichts zu sehen. Dafür ist ein neuer Gemeinderat gebildet worden, dem lauter gute ältere Tübinger Kaufleute und Handwerker angehören, als einziger Akademiker ein Landgerichtsrat und der katholische Studentenseelsorger. Zu letzterem berichtete mir heute der Pfarrer, daß der bischöfliche Vertreter einen Erlaß herausgegeben habe, in dem es den Geistlichen verboten wird, irgendein politisches Amt zu übernehmen. Das finde ich sehr vernünftig. Euer Landesbischof Wurm hat vor drei Tagen einen Vortrag gehalten, von dem B. sehr beanstandete, er sei zu wenig religiös und zu sehr voller Haß gegen die Nationalsozialisten und voller Triumph über sein Ende gewesen. Es ist merkwürdig, daß die beiden großen Kinder von W. noch keineswegs die Überzeugung haben, daß der Nationalsozialismus das Prinzip des Bösen war, das notwendig zu einem solchen Ende führen mußte. Sie, speziell B., leiden sehr unter dem Zusammenbruch.

5. Juni 1945

In Tübingen sind alle Leute sehr aufgeregt, weil die Franzosen auf der Straße Passanten aufpacken und sie in Autos nach dem Flugplatz in Hailfingen mitnehmen, wo sie beim Ausgraben von jüdischen Leichen helfen oder jedenfalls zusehen müssen. Wann die ermordet worden sind, habe ich nicht herausbekommen, angeblich erst vor ganz kurzem. Daß da überhaupt noch Juden gelebt haben! Es waren Plakate mit Abbildungen aus Konzentrationslagern in Tübingen angeschlagen. Vielleicht haben die Leute Zweifel geäußert und sollten sich daher nun selbst überzeugen.

12. Juni 1945

Die Franzosen machen noch keine Anstalten zu gehen. Angeblich will de Gaulle einen Verbindungsweg nach Österreich, der ausgerechnet über Tübingen führen soll. Von den Korridoren sollte man doch eigentlich genug haben. Passierscheine werden jetzt wieder ausgegeben, und alle Evakuierten rüsten sich. Da komme ich mir ganz komisch vor, daß ich hierbleiben will. Die Kinder haben es ja himmlisch hier. Jetzt fahren sie alle Augenblicke mit Heuwagen oder mit Herrn B.s Trecker heraus, suchen Blumen und Beeren und kommen erst nach Stunden nach Hause.

Die Kinder: von links nach rechts Ernst, Liesel, Schorschl, Bärbel. Das Foto entstand in Schlesien 1944, kurz vor der Übersiedlung nach Tübingen.

Kinder mögen keine Kommandos

18. Juni 1945

Mit den Franzosen ist es im Moment wieder ganz unerfreulich. Sie plündern in Tübingen und Rottenburg systematisch die Läden aus und gehen unter dem Vorwand der Waffensuche auch in Privathäuser. In einzelnen Ortschaften haben sie durch den Bürgermeister ausschellen lassen, daß Wäsche und Anzüge abzuliefern seien, teilweise haben die Leute aber später ihre Sachen wieder bekommen. In den letzten Mitteilungen der Militärregierung war eine Bekanntmachung, daß Requirieren nur durch die zuständige Militärregierungsbehörde erfolgen dürfe. Aber es hilft offenbar nicht viel. In Wurmlingen haben sie die ganze kleine Fabrik, in der ein Werkzeuglager war, ausgeräubert. Man nimmt es aber als ein Zeichen, daß sie nun doch gehen werden.
Ein Dr. Mergenthaler (ob es Binders Freund ist?) habe sich von Berlin aus durchgeschlagen. Er hat dort noch vier Tage beim Volkssturm mitgekämpft, bis sich seine Gruppe auflöste. Offiziere hätten auf die Mannschaften geschossen, um sie zum Kämpfen zu bringen. Einen Mann habe er an einem Baum hängen sehen mit einem Schild: „Ich hänge hier, weil ich zu feige war, meine vier Kinder zu verteidigen." So was kann einem auf Tage alle Hoffnung nehmen.

24. Juni 1945

Die Kinder bekommen alle Augenblicke und von den verschiedensten Seiten Träuble geschenkt. Sie können richtig darin schwelgen, und ich freue mich, daß sie wenigstens ein Obst reichlich kriegen. Zweimal konnte ich es so dirigieren, daß ich etwas einmachen konnte, einmal Gsälz und einmal Saft. Nun hätte ich schrecklich gerne noch einmal für Gsälz, mehr mache ich dann nicht ein. Es fehlt an Zucker, an Häfen, und die Ungewißheit, ob man das hier aufessen oder transportieren kann, lähmt auch die Begeisterung fürs Einmachen. Sind wir im Herbst noch hier, dann kann ich immer noch größere Mengen Hägenmark und Holundersaft einkochen. Es ist auch kaum möglich, eine größere Menge Träuble zu ergattern. Die Leute müssen abliefern, und wenn sie viel haben, mosten sie, weil wir ja nicht einen Apfel dies Jahr haben werden. Ein Jammer! Auch Erdbeeren und Kirschen gab es so gut wie gar nicht. Ich habe jedenfalls nicht eine einzige gesehen, die Kinder haben einzelne geschenkt bekommen.

Ein Ereignis war eigentlich nur Bärbels Geburtstag, zu dem wir früh um 8 Uhr hinzogen, Liesel, Schorschl und ich. Die Kinder saßen auf einem großen Sack mit Holz, den mir F.'s für Fräulein S. und Fräulein V. schenkten, als ich sagte, daß ich einen Korb von mir beibringen wolle. Dazu drei Blumensträuße, zwei Kannen Magermilch, ein Korb mit einer Torte, Spielsachen für Bärbel (Pferd und Wagen aus Deinem schönen Paket), es war eine große Fuhre. Ähnlich kamen wir abends wieder zurück, bereichert um einen Korbstuhl für Mamschen, einen Spazierstock und einen Korb mit Einmachgläsern von Fräulein S.

Ich machte heute früh ein paar vergebliche Besorgungsversuche, stellte fest, daß das Rote Kreuz noch nichts von Euch weiß und holte mir dann Bärbel aus dem Kindergarten, wo sie barfüßig sehr süß rumlief. Schwester Frieda sagte von ihr: „Das ist ein perfektes Persönchen und sehr viel weiter als ihr Alter." Eine Schwester hatte sie gefragt, wirst Du heute vier?, und der Geburtstag war an einem Kränzchen schon äußerlich erkennbar. Bärbel wußte aber genau, daß sie erst drei würde. Der Geburtstagskaffee, 12 Personen und Kaffee und drei verschiedene Kuchen, war sehr feierlich, und dann spielten unsere drei teils allein, teils mit der guten L. ganz himmlisch. Es ist zu nett, aber immer etwas traurig machend, wie sehr sie einander genießen.

28. Juni 1945

Ich scheue das Schreiben, weil die Charakterisierung der Kinder so schwierig ist. Wenn Schorschl Mamschens Schülerin, Fräulein H., alte Drecksau nachruft (angeblich auf Befehl von Ruth), so nehme ich das nicht so tragisch wie Mamschen, sondern sehe darin nur einen Ausdruck seiner allgemeinen, allerdings recht hochgradigen Ruppigkeit. Fräulein S. beschrieb, wie er sich neulich mit einem größeren Jungen beschimpft habe: „Ich hau Dich." „Ich schneid' Dir den Bauch auf." „Ich hol Dir alles Essen raus." „Ich steck Dir Dreck rein." Dabei hätte Schorschl sich ausgeschüttet vor Lachen. Er lutscht immer noch fürchterlich viel, wobei er seinen Daumen im Mund schamhaft hinter der anderen Hand verbirgt. Stundenweise ist er verschlafen, stundenweise ungeheuer unternehmend, und dann frech und voller Widerspruch. Es macht ihm gar nichts, blabla zu sagen, wenn ich ihm etwas auftrag. Und was Oma sagt, tut er schon überhaupt nicht. Ausgezeichnet steht er mit den größeren Jungens um uns herum, die ihn zu allem heranholen. Von Liesel und Ruth wird er ziemlich malträtiert.

An heißen Tagen haben B.'s jetzt eine große Wanne mit Wasser aufgestellt, in der die Kinder herumhüpfen. Schorschl muß dauernd das Kind sein, das gebadet und abgeschrubbt wird. Aber er wehrt sich und kann gelegentlich Liesel ganz ordentlich puffen und hauen, was mir lieber ist, als wenn er ihre Kleider und Schürzen zerreißt, was bei dem Alter und der Brüchigkeit derselben auch häufig vorkommt. Er spielt gern etwas den Clown, macht Fratzen und bewußte Albernheiten, aber er ziert sich nie dabei, und er kann wirklich sehr komisch sein. Und immer ist er uferlos gutherzig und gutartig, bereit, abzugeben, zu helfen, und sobald man ihn ablenkt, auch leicht zu dirigieren.

Während ich also Schorschls Unmanierlichkeiten nicht schwer nehme, mache ich mir um Liesel manchmal mehr Sorge, weil sie wirklich eine etwas hysterische Anlage hat, die ihr noch viel zu schaffen machen wird. Sie kann so reizend sein, liebenswürdig, gefällig, verständig, voller Interesse für alles. Aber sie ist entsetzlich launisch, hat ein bedenkliches Geltungsbedürfnis, muß immer gelobt werden, kann nicht ertragen, daß andere etwas besser machen können oder gewinnen, und, was mir das ärgste ist, ein ausgesprochener Egoist. Sie mißgönnt der Oma und mir jeden Bissen, wenn sie gerade ihre misanthropische Stimmung hat. Manche Tage ist sie schwer zu ertragen, so absprechend ist sie, dauernd beleidigt und vorwurfsvoll, und an anderen ist sie wieder reizend. Ich glaube, sie braucht geistige Beschäftigung und Anregung. Hoffentlich bekommt sie einen guten ersten Lehrer.

Ich habe allmählich ausprobiert, daß ich mit beiden Kindern leicht auskomme, wenn ich sehr freundlich mit ihnen bin, ihren Wünschen (die sich meist auf Nahrung und bei Liesel auf Kleidung beziehen) nach Möglichkeit nachgebe, ihnen häufig etwas erzählte, von ihnen oder mir, von früher am liebsten. Sobald ich anfange zu kommandieren (ein Ton, in dem mit mir eigentlich immer verkehrt wurde), ist es aus, und sie wehren sich wie ein Mann gegen die Autorität.

Es ist vielleicht falsch. Das unbedingte Gehorchen ist doch eigentlich unerläßlich, nicht nur das Folgen aus Entgegenkommen. Aber ich mag nicht es immerzu auf Kraftproben ankommen lassen. Und ich denke, wenn Du erst da bist, wirst Du mit Deiner väterlichen Autorität doch mehr erreichen.

Dich umschwebt ein sagenhafter Glanz von Klugheit, Kraft und Güte. Beiden steht es fest, daß sie Dich am liebsten haben (während Liesel leider Frau B. netter findet als mich, und als ich da Zweifel an der Berechtigung des Urteils äußerte, wurde ich darauf hingewiesen, daß man sich selbst nicht nett zu finden habe. Aber sie findet es auch ebenso richtig, daß ich Dich am liebsten habe, während ich alle Erklärungen, welches meiner Kinder meinem Herzen am nächsten stehe, trotz häufiger Nachfragen ablehne).

Einiges über die Versorgungslage. In fast allen Orten muß jede Familie einen ganzen Anzug mit Hemd und Stiefel für einen Ausländer stellen – in Hirschau kam noch nichts dergleichen. Als in Ebingen die abgelieferten Anzüge nicht ausreichten, verwies der Bürgermeister die Franzosen an die PGs[*], wo sie noch mehr holen könnten. Sonst geht es denen nicht schlecht. In Tübingen ist ein neuer Oberbürgermeister, ein Landgerichtsrat, der eine nicht unsympathische Antrittsrede gehalten hat. „Nicht Rache, sondern Gerechtigkeit." Sehr interessant war die weitgefaßte Liste derjenigen Personen, deren Vermögen beschlagnahmt ist. Reichlich weitgehend eine Aufzählung der mit dem Tode bedrohten Verbrechen.

Inzwischen waren Bertha und Luise da und brachten mir eine Karte zu einem Beethovenkonzert in der Aula, das ich sehr genossen habe. Ich traf dort Zweigert[**], der mal wieder prächtig auf seine Füße gefallen ist. Er ist Referent des württembergischen Kultusministers und bearbeitet speziell Kirchenfragen, Theater, Film, Presse et cetera. Rupp reinigt die Hochschulen. Koschacker (das ist der Romanist in Tübingen gewesen) will nicht wiederkommen, Zweigert sagte sofort, dann berufen wir Ihren Mann als Ordinarius für Römisches Recht.

---

[*] Parteimitglieder der NSDAP
[**] Konrad Zweigert, Jurist, ein Bekannter aus Berlin. Nach dem Krieg Jura-Professor in Tübingen, 1951 bis 1956 Verfassungsrichter. Später Professor und Leiter des Max-Planck-Instituts für Ausländisches und Internationales Privatrecht in Hamburg.

Ein ungelebtes Leben

13. Juli 1945

Diese Woche sind hier eine Menge Soldaten nach Hause gekommen, vom Westen und vom Osten. Alle klagen über sehr schlechte Ernährung, einige machen ganz schreckliche Schilderungen, drei Mann in 15 Tagen einen Laib Brot, so daß die Gefangenen zu Dutzenden Hungers stürben. Die vom Osten kommenden sind davongelaufen, was gar nicht schwierig sei. Der Russe ließe sie mehr oder weniger frei laufen. Einige sollten von Lagern aus dem Inneren Rußlands gekommen sein und von dort von ausgesprochen guter Behandlung und Verpflegung berichtet haben. Es ist wirklich schwer oder kaum möglich, sich ein Bild zu machen.
Manche schildern auch die Verhältnisse im russisch besetzten Gebiet ungeheuer rosig: Reichlich Lebensmittel, kaum Besatzung, große kommunistische Begeisterung in den Städten, speziell Dresden. Aber nach allem sieht es nach einer völligen Abtrennung der russischen von der übrigen Hälfte aus, und das ist ja für uns gerade das Schlimmste.
Die Kinder sind wohl, lustig und reichlich übermütig. Ernst hatte am 9. Tag eine sehr schlimm und gräßlich aussehende Pocke und drei Tage etwas Fieber, trug aber seine Krankheit mit männlicher Haltung und ist jetzt wieder ganz wohl. Wenn er abends in seinem Bettchen ist, legt er die Handflächen aufeinander und sagt strahlend: „Lala, lala." Das soll Beten sein. Er ist jetzt viel in einem Ställchen, was mir Frau Bürgermeister borgte, zusammen mit Doris H., einem wüst energischen, mordshäßlichen, sehr komischen Kind. Sie ist erst neun Monate, aber im Laufen weiter als er. Er war erst sehr für Distanz halten, jetzt vertragen sie sich sehr gut.
Neulich sagte Mamschen, sie wolle ihn abschaffen, weil er irgend etwas angestellt hatte. (Er reißt jetzt jede Tapete herunter, zerstört die Verdunkelungsjalousien, man muß auf Zentimeter ausrechnen, wo man ihn hinstellen kann.) Darauf sagte Liesel voller Entrüstung: „Abschaffen wollt Ihr unseren Ernst? Na, mir kann's egal sein, aber Ihr kommt dann ins Gefängnis." Und nach einiger Überlegung: „Willst Du ihn dem lieben Gott wieder zurückgeben?"

18. Juli 1945

Ernst ist heute aus seinem Kinderbett gefallen, uns ist es völlig unerklärlich, wie er das fertiggebracht hat, da er nur von den Schultern ab darüber hinausguckt. Er ist überhaupt ein doller Kletterer und schwingt sich zum Beispiel schon ganz allein aufs Sofa. Es sieht furchtbar komisch aus, wenn er sein Bein so hoch hebt und sich aus Leibeskräften hochzieht. Er ist zu süß, aber es zieht mir jedesmal des Herz zusammen, daß Du ihn nicht siehst. Überhaupt, Dicker, es wird immer schlimmer mit der Angst um Dich, der Sehnsucht nach Dir. Manchmal glaube ich jetzt fast, daß Du nicht mehr wiederkommst, und ich weiß doch nicht, wie ich das darstellen soll. Aber noch viel, viel ärger ist es mir um Dein ungelebtes Leben . . .

29. August 1945

Gestern habe ich mal wieder meine Wohnberechtigung unter Beweis gestellt. Ich mußte einen Franzosen, der sich einquartieren wollte, herauskomplimentieren. Ich merkte sofort, daß es ein Deserteur war, und gab ihm zweimal Gelegenheit, zu verschwinden. Ich habe ihm zugeredet wie einem lahmen Schimmel, daß er wegmüsse. Schließlich, als er trotz Opferung eines Stücks Brot sich immer noch in der Nähe herumtrieb, telefonierte der Bürgermeister auf meine Bitte nach Tübingen, und die französische Polizei holte ihn. Er tat mir schrecklich leid, weil er immer wieder erklärt hatte, er könnte nicht zu den Franzosen, dort würde er erschossen (verschossen heißt es hier, so wie verschlagen oder verküssen). Aber die Polizei beruhigte mich, so schlimm würde es nicht. Es liefen Tausende solch Entwichener, vor allem Marokkaner herum, die alle irgendein Weibsbild hätten, das ihnen Unterschlupf gebe und zu dem sie immer wieder zurückkehrten. Manche seien im Abmarsch bis Kehl gekommen und dann doch einmal wieder umgedreht.

6. September 1945

2000 Lehrer sollten in Württemberg entlassen werden. Stichtag für die Parteizugehörigkeit ist der 1. Mai 1937. Aber auch wenn man nicht PG[*)] war, wird man abgesetzt, wenn man etwa Blockleiter bei der NSV[**)] war. Hintenrum kämen dann aber gottlob doch viele wieder herein. Ich sage gottlob, für das Rächen haben wir beide ja wohl nicht viel übrig. Dazu sind wir zu sehr von der Dekadenz angekränkelt und haben zu große Skepsis gegen Wert und Bedeutung der Gesinnung bei den meisten Menschen. Die Nachteile des Stockens im Ablauf der Verwaltung und des Schaffens einer breiten Schicht Verzweifelter sind weit größer als alle Vorteile, deren ich überhaupt keine sehe.

15. September 1945

In der Pfalz sollen sie Transparente gemacht haben „Brot oder Hitler". Denen ist wirklich nicht zu helfen.

---

*)Parteimitglied der NSDAP
**)Nationalsozialistische Volkswohlfahrt

Kommt der Kommunismus?

17. September 1945

In einem kleineren Kreis hörte ich einen Vortrag von einem Dr. Jahn, nicht sehr viel Neues bietend, aber doch recht interessant. Das A und O unseres verzweifelten Zustands ist halt die völlige Abtrennung vom Osten. Jahn ist zweimal festgenommen worden, ehe er über die Demarkationslinie kam, und auch den entlassenen Kriegsgefangenen geht es nicht anders. Und das, auch wenn ein russisches Visum oder eine russische Abmeldebescheinigung vorliegt. Meine unmaßgebliche Meinung geht dahin, daß es die Russen durch die Absperrung erreichen wollen, daß diesseits und jenseits gesagt wird: Alles, nur wieder ein einheitliches Deutschland, gleich, unter welchem Motto, und daß sie auf diese Weise eine Bolschewisierung, sei es ganz autonom, sei es unter russischer Leitung, von ganz Deutschland erreichen.
Ich bin überzeugt, daß es in drei Jahren soweit ist. Von mir aus könnte es in drei Monaten so weit sein, vorher werden unsere Männer nicht nach Haus kommen, und es ist einem ja alles wurscht, wenn man nur das Leben hat und beisammen ist. Ich fürchte, uns steht noch sehr viel bevor und es ist zu früh, denn die aus England kommen jetzt schon wieder. Übrigens bin ich der Meinung, daß wir alle kommunistisch werden sollten, damit es erträglich wird.

11. Oktober 1945

Der Schulanfang (von Tochter Liesel) war sehr dramatisch, wie jetzt immer alles ist. Um die Stelle hier hatte sich ein 68 Jahre alter Lehrer aus Rottenburg beworben. F. (der Hirschauer Bürgermeister) war bei der Schulbehörde vorstellig geworden: Ein so alter Herr sei für die hiesigen großen Klassen ungeeignet. Er erschien aber eines Tages doch, trommelte sich auf eigene Faust die Schuljugend zusammen, ließ sie die noch ungeputzten Bänke von der Bühne herunterholen und fing an, Schule zu halten. Der Bürgermeister bat ihn, zu warten, bis die Räume sauber seien, außerdem wolle er den Schulanfang etwas offiziell machen. Der Lehrer stellte sich auf den Stand-

punkt, daß das den Bürgermeister gar nichts anginge, sie hatten großen Krach miteinander, in dessen Verlauf der Lehrer mit der Faust auf den Tisch schlug und der Bürgermeister ihn schließlich des Zimmers verwies. Noch am gleichen Abend wurde ausgeschellt, es bestünde Veranlassung, darauf hinzuweisen, daß die Schule nicht begonnen hätte. Am nächsten Morgen verschwand der neue Mann lautlos.
Unser eigentlicher Lehrer, Herr Z., war in den Tagen gerade wegen seiner Zugehörigkeit zur NSDAP abgesetzt. Es hat aber nur sechs oder acht Tage gedauert, dann wurde er wieder bestellt. Es sind hier alle PGs abgesetzt worden, dann hat man jeden Fall einzeln geprüft, und seiner lag besonders günstig, weil er wegen Orgelspielens in der Kirche große Schwierigkeiten hatte. Außer ihm ist jetzt noch ein jüngerer Lehrer und eine alte Lehrerin da. Letztere hat die Kleinen. Sie ist seit 22 Jahren aus dem Schuldienst, muß aber jetzt wieder verdienen, weil ihr Mann noch in Gefangenschaft ist und sie drei Kinder hat.

18. Oktober 1945

Eben habe ich mir von Mamschens Jura studierendem (Französisch-)Schüler über die Eröffnungsfeier der Universität berichten lassen. Es muß recht ordentlich gewesen sein, mit französischen Generälen und Ansprachen und einer philosophischen Abhandlung des Rektors über das Wesen des Neuen. Aber der Lehrbetrieb scheint noch nicht aufgenommen zu werden.

16. Oktober 1945

Gestern bin ich zu unserem Ortsgruppenleiter auf der Kommandantur gewesen. Er sitzt immer noch, und man erzählt sich, daß die Leute jetzt alle in ein Konzentrationslager kommen sollen. Die Frau ist nahe daran, den Verstand zu verlieren, und ich dachte, man kann es doch mal versuchen. Tatsächlich ging es viel besser, als ich gedacht hatte. Ich kam ohne Schwierigkeiten an den richtigen Mann. Er fragte mich erst auf deutsch, was ich wolle, und ich antwortete auf deutsch, weil ich das für richtiger hielt. Dann unterhielt er sich aber mit seiner Sekretärin auf französisch, ob ich nun eigentlich die Ehefrau sei, und die Sekretärin meinte, es hätte doch gar keinen Sinn. Ich mischte mich auf französisch ein, und von da an war er äußerst liebenswürdig. Es ist doch erstaunlich, was das bei den Leuten ausmacht. Er versicherte mir, daß K. kein Kriegsverbrecher sei und daß er bestimmt einmal freikäme. Ich verabredete schließlich mit ihm, daß ich nochmal ein schriftliches Gesuch machen würde, und ich habe heute ein sehr schönes entworfen, das außer mir die Oberin, die Pfarrmagd und einige Mitglieder des Gemeinde- und Kirchenrates unterschreiben werden.

Nachkriegsbetrieb auf der Tübinger Neckarbrücke, 1946.

Eschenburg ohne Aktendeckel

10. November 1945

Meine Anwaltspraxis blüht. Aber ich betrachte es als eine Ironie des Schicksals, daß es eine Strafpraxis ist, die wir doch immer so verachtet haben. Mein neuer Mandant ist der Schwiegersohn von Salome W. von hier und sitzt, zusammen mit Dutzenden von anderen, wegen einer Denunziation. Er wurde wegen revolutionärer Reden von einem Oberstleutnant am 10. 4. mit Erschießen bedroht und strafversetzt. In seinem Ärger schrieb er vor seinem Abgang einen Brief an den Wehrbezirksoffizier, in dem er die skandalösen Zustände im Wehrmeldeamt, in dem er arbeitete, Bestechlichkeit und Veruntreuungen von Heeresgut schilderte, zu dem Zweck, den Offizier, der ihn strafversetzt hat, zu belasten. Ob er sich damit einem drohenden Kriegsgerichtsverfahren entziehen wollte, ist mir nach seiner eigenen Einstellung zweifelhaft. Ich habe einen sehr schönen Schriftsatz gemacht und war auf der Kommandantur, wo man mein wiederholtes Erscheinen mißbilligend bemerkte. „Vous jouez une rôle délicate."
Ich denke doch daran, spaßeshalber meine Zulassung zur Anwaltschaft hier in Tübingen zu betreiben. Ich wollte dieserhalb und andertwegen Zweigert besuchen, der aber gerade verreist war. Auf der Kommandantur wurde meinem Mandanten ein Verfahren vor dem Militärgericht angedroht – ich sehe nicht den Tatbestand, der auf ihn paßt. Es soll noch 3 bis 4 Monate dauern, ich nehme an, daß sie ihn vorher einfach laufenlassen. Jetzt bin ich dabei, zwei Gnadengesuche an General und Kommandantur zu machen und noch einmal Zeugenaussagen zusammenzustellen. Es macht eine höllische Arbeit, ich betrachte es aber als einen französischen Übungskurs. Ich will jetzt endlich besser Französisch lernen, lese auch gelegentlich mit Mamschen und sehe jedes Wort nach, das mir fehlt. Aber es ist lächerlich und ärgerlich, wie schwer man in unserem Alter lernt. Ob Du jetzt Russisch lernst?
Ich bin doch seit längerem im Zweifel, ob ich nicht bald eine Arbeit anfangen sollte, ehe das Geld restlos aus ist und die Stellungen im Zuge der Neuorganisation vergeben sind. Vorgestern traf ich Zweigert auf der Straße und sagte mich zu heute bei ihm an, um ihn um Rat zu fragen – eventuell auch bei der Justizverwaltung einführen zu lassen. Auf dem Weg zu ihm traf ich

Eschenburg. Er hat eine Kunstharzpresserei in Plochingen gepachtet und ist nebenher durch (Paul) Binders Fürsprache – Binder ist Landesdirektor der Finanzen für Südwürttemberg – Flüchtlingskommissar. Ich sagte ihm, daß ich im Begriff sei, mich nach einem Beruf umzutun, worauf er mich beinahe umarmte, ich solle doch zu ihm kommen. Er fange gerade neu an, habe vorläufig nur einen Raum, keinen Stuhl, keinen Aktendeckel, und werde bald Arbeit in Hülle und Fülle haben.

Es ist sehr zu überlegen. Es wäre fabelhaft interessant, aber eine Aufgabe, bei der einem nicht viel Zeit und Gedanken für vier Kinder bleibt. Aber das wird keine der jetzt in Betracht kommenden organisatorischen Tätigkeiten zulassen. Halbtagsarbeit habe ich gleich zur Bedingung gemacht, ob sie sich immer durchführen läßt, ist sehr die Frage.

Am 1. 2. muß Rosina*) fort, um wieder in der Landwirtschaft zu helfen. Dann müßte ich einen ebenso netten Ersatz haben, manchmal lockt es mich, nach Tübingen zu ziehen, ich könnte dort jederzeit mit den Leuten tauschen, die in dies Haus wollen und die „Derendingen zu" eine 3-Zimmer-Wohnung mit Bad haben. Aber es würde mir doch sehr arg sein, das Haus hier aufzugeben, ohne wenigstens einen Sommer darin verlebt zu haben. Drei Zimmer sind ja auch etwas wenig, aber vielleicht könnte man sie gegen eine größere Wohnung eintauschen. (...) Zweigert redete mir nachher sehr zu Eschenburg zu. Die Anwaltschaft sei doch ein toter Beruf, und Richter zu werden, würde nicht leicht sein.

24. November 1945

Mittwoch hatte ich vergeblich versucht, Binder und Eschenburg in Tübingen zu treffen, gestern gelang es mir. Beide waren sehr nett und herzlich. Eschenburg rechnet durchaus damit, mich zu beschäftigen, hätte auch gleich einen Sonderauftrag für mich gehabt, hat aber im Augenblick angenehmerweise noch keinen Raum, und ich bin ja natürlich froh, wenn es sich hinzieht. Ich hatte mir inzwischen überlegt, daß es bei dem weiteren Weg sehr viel angenehmer sei, statt halbtags 3mal in der Woche zu arbeiten, und auch darauf ging er bereitwillig ein. Er ist überhaupt in sehr guter und milder Stimmung.

Er hatte mir eine Arbeit gegeben, die er während seiner Inhaftierung in Landeck (1 Monat wegen seines großen Auslandspasses) geschrieben hatte. Die Franzosen hätten ihn ausgezeichnet behandelt, so daß er Papier und dergleichen ganz ausreichend zur Verfügung hatte. „Möglichkeiten einer neuen Verfassung und Verwaltung" heißt es, mit einigen klugen und originellen allgemeinen Gesichtspunkten, über die Möglichkeiten der Demokratie, zu der man uns doch nun einmal absolut bringen will, Organisation der Parteien, Berufsverbände et cetera, aber wieder etwas zu detaillierte Einzelheiten über Wahlen und Stimmverhältnisse. Es war viel klarer geschrieben, als ich es ihm zugetraut hätte, und ich las es gern, weil man ja nach diesen Dingen so ausgehungert ist.

---
*) die Haushaltshilfe

Ein Ortsgruppenleiter phantasiert

24. November 1945

Wenn Du kommst, wirst Du mich, fürchte ich, vor Stolz geplatzt finden. K., der hiesige Ortsgruppenleiter, ist zwar noch nicht entlassen, aber als einziger nicht in das Konzentrationslager Balingen gekommen, wo es sehr übel sein soll, sondern hiergeblieben. Und mein anderer politischer Mandant, der Denunziant, ist gestern nach einem zweistündigen Verhör entlassen worden. Ich schmeichle mir, an beidem doch recht erhebliches Verdienst zu haben. Es ist ja eine Ironie des Schicksals, daß gerade ich, die ich mich immer so über die Strafpraxis erhoben habe, nun selbst eine solche habe. Politische Delikte haben wir ja allerdings immer ausgenommen. Und daß ich Nazis gegen Franzosen verteidigen würde, hätte ich mir nicht träumen lassen.

27. November 1945

Der Besuch von Zweigert war ausgesprochen sehr nett. (. . .) Von den Dingen, die Zweigert erzählt, interessierte mich am meisten, daß er das ausgezeichnete Niveau der höheren französischen Offiziere lobte, sie stellten absolute erste Klasse dar, und seit de Gaulles Rede in Freiburg bemühte man sich sehr um die Süddeutschen, die man zu etwas wie einem Rheinbund unter französischer Oberhoheit zusammenzubringen hofft. Er wie ich fanden das gar keine so schreckliche Prognose wie die meisten anderen. Die Reihenfolge in der Güte oder Unannehmlichkeit der Besatzungszonen ist jetzt: Tschechisch, polnisch, russisch, amerikanisch, englisch, französisch, wobei nur über die Reihenfolge der beiden letzteren gestritten wird. Die Amerikaner erschweren durch ihre Entnazifizierung den Fortschritt. Jeder u. k.-Gestellte und Mann mit einer steigenden Einkommenskurve während des Kriegs gilt schon als naziverdächtig und hat eine graue Karte.
Heute stand in der Zeitung, daß Hahn den Nobelpreis für Physik bekommen hat. Ich finde es allerhand, daß er in diesem Jahr an einen Deutschen kam. Noch viel mehr wunderten mich die Wahlergebnisse in Österreich. Nur sieben Prozent für die Kommunisten! Man kann es gar nicht verstehen!

Sitze haben sie insgesamt einen! Hoffentlich kommt es uns nicht teuer zu stehen, daß die Russen, wenn sie es nicht gewinnen können, es nun mit Gewalt betreiben.

27. Januar 1946

Von den Kindern wäre dauernd so viel zu berichten. Liesel ist von einem Schuleifer, der mir ja bei meiner Vergangenheit im Grund gräßlich ist, der aber doch auch sehr viel Rührendes und Angenehmes hat. Man braucht sie nie zu Schularbeiten zu mahnen. Sobald sie, fast immer erst mit der Dämmerung, von draußen hereinkommt, setzt sie sich unaufgefordert daran, legt aber auch großen Wert darauf, daß die Oma ihr hilft. Am meisten Spaß macht ihr das Rechnen. Wenn sie da eine Reihe Aufgaben aufhat, macht sie von sich aus noch fünf dazu und verrechnet sich eigentlich nie. Das Schreiben geht ungeheuer rasch, wird aber nicht übermäßig sorgfältig und schön. Auswendig lernt sie sehr leicht jetzt, vergißt aber auch ziemlich schnell wieder. Lesen braucht sie für die Schule gar nicht, weil sie immer noch kein einziges Buch haben (morgen soll angeblich das erste Lesebuch kommen). Aber sie liest jetzt von sich aus mit solcher Begeisterung, daß sie oft kaum vom Buch fortzubekommen ist.
Außerdem schreibt sie direkt gern Briefe. Der heutige an die Mutter, den ich ja hoffentlich wiederbekommen werde, ist wirklich beachtlich, sowohl was das Schreiben als besonders, was den Inhalt anbelangt. Heute mittag kam sie herein: „Oh Mutti, ich bin fast gar nicht Schlitten gefahren, ich habe immer nur auf meinem Schlitten gesessen und geguckt. Die Gegend ist heute so wunderschön. Die Berge und die Kapelle so still da oben und unser Haus mit dem weißen Dach und die schwarzen Tannen daneben und oben der blaue Himmel und die Sonne – es ist zu schön." Ich lasse dahingestellt, wieviel hier auf die Lektüre von „Heidi" zurückzuführen ist, eine Erlebnisfähigkeit für die Schönheit der Landschaft ist aber doch wohl jedenfalls vorhanden. Und das ist eine nicht zu unterschätzende Glücksquelle fürs Leben. Alle drei Großen sprechen alle Augenblicke von Dir, behaupten jeden Morgen, von Dir geträumt zu haben, malen sich aus, wie es ist, wenn Du zurückkommst, aber am meisten vergöttert Dich Schorschl. Frau E. fragte ihn neulich: „Wen hast Du denn am liebsten von allen?" Er prompt: „Meinen Vater." „Die Mutti nicht?" „Doch auch, aber meinen Vater habe ich noch viel viel ärger lieb."

Bärbel heult immer noch gern, aber etwas besser ist es doch. Sie kann sich zur Zeit gar nicht beschäftigen, jedenfalls nicht im Zimmer, draußen geht es ganz gut. Sie will immer überall dabei sein und gucken und nichts versäumen. Wahnsinnig komisch redet sie jetzt im Hirschauer Dialekt mit dem Tonfall einer alten Bäuerin.

Ernst ist in einem sehr schwierigen Alter, weil er nicht eine Minute still sitzt und spielt, sondern dauernd herumwuselt, alle anderen Menschen im Zimmer stört, laut kreischt, wenn ihm etwas nicht paßt, durch jede offene Tür wischt, um zu versuchen, ins Freie zu gelangen, alles haben will, was er sieht, kurz, sich unnütz macht, wo er nur kann. Er ist fürchterlich tätig; kaum mache ich die Ofentür auf, so kniet er schon neben mir und pustet oder stochert mit dem Feuerhaken, räumen wir das Zimmer auf, so trägt er ächzend und stöhnend die Kindermöbel heraus, heißt es, daß es Essen gibt, so läuft er nach seiner Serviette und hält sie sich um. Wenn dieser Fleiß bleibt, muß eigentlich etwas aus ihm werden, denn schlau ist er sehr, aber auch frech wie Dreck.

Die Berichte von K. waren nicht so aufregend. Im Schloß in Tübingen sei es direkt gut gewesen. Reichliches, wenn auch nicht sehr gut gekochtes Essen, sehr anständige Behandlung, geheizte Räume. Balingen war im Prinzip auch nicht so schlimm, das Essen ausgezeichnet gekocht, aber nicht ausreichend (vielleicht auch, weil die Beihilfen von zu Hause fehlten), für ihre Öfen konnten sie sich Holz im Wald suchen, etwa acht Stunden täglich Arbeit, aber als Leiter des Lagers ein Feldwebel aus der Fremdenlegion mit Tropenkoller, der, was Quälereien und Mißhandlungen anbelangt, völlig deutsche Methoden anwandte. Jetzt ist ihm, weil es selbst den Franzosen zuviel wurde, ein Kapitän vorgesetzt, der am Tage Ausschreitungen verhindert. Aber die nächtlichen Appelle bleiben.

Leider hat K. selbst einen erschütternd großen Sparren. Er gab mir Aufzeichnungen aus der Haft zu lesen, wo er, in phantastischer Orthographie, seinen politischen Werdegang schildert und sich einbildet, ihm sei einmal der Posten von Hitler, einmal der von Heß angeboten worden, zehn Attentate seien auf ihn versucht worden (von Photographen mit eingebauten Pistolen, mit vergifteten Schokoladenosterhasen, durch Einatmen von Bazillen et cetera). Zweimal hätte ihn Hitler persönlich auf die Probe gestellt.

Und wieder keine Postkarte

3. Februar 1946

Ich habe mit Eschenburg vereinbart, daß er uns "Heimarbeit" schickt, Durchsicht seiner Denkschriften, Anträge et cetera für mich und ihre Übersetzung für Mamschen. Ich werde damit nicht viel verdienen, aber er verspricht sich davon, daß er mich dann notfalls voll einstellen kann. Man rechnet mit einer großen Abwertung um 75, also auf 25 Prozent günstigstenfalls, aber erst zum Frühsommer. Dann setzt natürlich ein ungeheurer Run auf die Arbeitsplätze ein, und es kommt wahrscheinlich für die Behörden ein Einstellungsverbot. Er meint aber, wenn ich dann schon für ihn gearbeitet habe, könne er mich doch als volle Kraft übernehmen. Es scheint mir eine günstige Lösung. Ich kann noch eine Weile zu Haus bleiben und Hirschau und Kinder genießen und habe doch die Aussicht, anzukommen, wenn es kritisch wird.
Aber vier Monate weiter denkt man heute nicht, und im Grunde meines Herzens hoffe ich natürlich, daß bis dahin zum mindesten Nachricht von Dir vorliegt. Ich weiß jetzt gar nicht mehr, was ich denken, fürchten oder hoffen soll. Innerhalb einer Stunde bin ich 6mal am Rande der Verzweiflung und voller Hoffnung.

6. Februar 1946

Die Weltlage ist und bleibt unklar. Laut Eschenburg rechnet man mit neun Millionen Flüchtlingen. Ich konnte Eschenburg einige Tips geben, die er, wie früher, sofort eifrig notierte. Er ist der Alte, aber etwas menschlicher und ruhiger geworden. Seine Familie sitzt noch in Aussee, und er bekommt sie vorläufig nicht heraus, sie wird wohl mit den Flüchtlingsströmen kommen, da ja alle Deutschen aus Österreich fort müssen. Eschenburg hat schon wieder viele Eisen im Feuer: Flüchtlingskommissar, Kommissarischer Leiter einer Fabrik, Wiederentwicklung der alten Verbände, Mitwirkung in Zentralausschüssen für Schnitz- und Formerstoffe et cetera; ich finde es fast schade, er verzettelt sich dabei.

Der Adressat der Hirschauer Briefe: Georg Maier, ein Foto aus dem Jahr 1942 mit den Kindern Schorschel (links) und Liesel (rechts).

Seine Gesamtprognosen sind nicht einmal so ungünstig. Er meint, eine bescheidene Bürgerlichkeit, als deren Hauptmerkmal er die Trennung von Küche und Eßzimmer ansieht (wir liegen also schon unter der Grenze; mir erscheint das aber auch nicht wesentlich, eher, wieviel Prozent des Einkommens nach Abzug von dem zum Essen und Trinken Notwendigen oder für erforderlich Gehaltenen für andere Zwecke übrigbleibt), würde uns erhalten bleiben. Aber er gehört zu den vielen, die immer Optimisten sind, weil sie nicht ertragen könnten, wenn alles ganz schlimm käme – c'est-à-dire, wenn wir kommunistisch würden.

Die Wahlen sind bisher erstaunlich unkommunistisch, die Wirkung der Russen beschränkt. Aber eben deshalb heißt es nicht viel. Die enormen Steuererhöhungen: Einkommensteuer um 50 bis 60 Prozent, Erbschaftssteuer um 300 Prozent, Getränkesteuer um 1000 Prozent, haben etwas Erhebendes, wenn man selbst keine zahlt. Es soll übrigens alles ganz einheitlich abgewertet weden, also Reichsschätze wie Aktien, Bargeld wie Hypotheken, das hast Du ja immer gesagt, daß es so kommen würde. Und dann soll eine sehr hohe Hausrats- und Wohnsteuer kommen. Schlimm ist, daß dem Volk kaum beizubringen sein wird, daß die Liquidation kommen mußte. Sie werden alles für Bosheit oder Unfähigkeit halten.

17. Februar 1946

Ein himmlischer Sonntagsfrieden. Ernst schläft unterm Dächle, Bärbel und Liesel (die anscheinend gerade eine Krankheit ausbrütet) in ihren Betten, Mamschen auf dem Sofa und Schorschl spielt neben mir mit seinem Baukasten, wenn er nicht hämmert, was er jetzt stundenlang täglich betreibt. Er macht Dinge kaputt, um sie wieder heilmachen zu können – wenn Du willst, ein Fortschritt – und ist sehr beleidigt, daß wir das nicht als nützliche Tätigkeit anerkennen.

Dicker, es drückt mir oft das Herz ab, daß Du die Kinder nicht siehst, und sie sind so entzückend, alle vier einzeln und miteinander. Ich muß sie nur immer wieder anschauen, und dann ist es mir am allerschwersten, daß Du nicht da bist und das alles unwiederbringlich versäumst. Ich sehe überhaupt so schrecklich schwarz im Moment. Überall kommen Rote-Kreuz-Postkarten – es wäre jetzt schon ein ganz unvorstellbares Glück, wenn ich eine solche bekäme und Dir antworten könnte.

Kurze Chronik

der Ereignisse am Kriegsende 1945 in und um Tübingen

22. März	Amerikanische Truppen unter General Patton überschreiten den Rhein bei Oppenheim.
1. April	Die 1. Französische Armee unter General de Lattre de Tassigny überschreitet den Rhein bei Philippsburg.
17. April	Luftangriff auf Tübingen; der Tübinger Standortarzt Dr. Theodor Dobler setzt die Errichtung eines Lazarettsperrbezirks links des Neckars durch. Es gelingt ihm nicht, die ganze Stadt zur Lazarettstadt erklärt zu bekommen.
18. April	Zwei Unterärzte und ein Studienrat als Dolmetscher fahren auf Weisung Dr. Doblers den französischen Truppen entgegen und kündigen die kampflose Übergabe der Stadt an.
19. April	Am frühen Morgen rückt die 5. französische Panzerdivision unter General Mozat kampflos in Tübingen ein.
8. Mai	Ende des Zweiten Weltkrieges.
25. Mai	Bildung eines provisorischen Gemeinderats mit Carlo Schmid (SPD) als Vorsitzendem.
17. Juni	Erste Konzertveranstaltung in Tübingen nach dem Krieg im Festsaal der Neuen Aula.
18. Juni	Landgerichtsrat Viktor Renner (SPD) wird Nachfolger von Oberbürgermeister Dr. Haußmann.
16. Juli	Oberbürgermeister Renner übernimmt auch die Funktion

des Landrats nach der Absetzung des amtierenden Landrats Dr. Friedrich Geißler.

19. September Tübingen wird Hauptstadt der französischen Besatzungszone Südwürttemberg-Hohenzollern; Theodor Eschenburg wird Flüchtlingskommissar für die Besatzungszone.

1. Oktober Wiedereröffnung der Tübinger Schulen.

15. Oktober Wiedereröffnung der Tübinger Universität.

16. Oktober Carlo Schmid wird Leiter des Staatssekretariats für das französisch besetzte Gebiet Württembergs und Hohenzollerns in Tübingen.

31. Dezember Viktor Renner legt sein Oberbürgermeisteramt nieder, sein Nachfolger wird Adolf Hartmeyer; Renner bleibt Landrat.

(Quelle: Hermann Werner. Tübingen 1945: eine Chronik. Stuttgart, Konrad-Theiss-Verlag, 1988)

Bildnachweise:
Umschlagbild/Collage: Sepp Buchegger
Ulrich Metz (Reproduktion), Originalbild in Tübinger Familienbesitz: S. 14; Dr. Hedwig Maier, Privatfotos: S. 22, S. 56, S. 74; Kleinfeldt, Stadtarchiv Tübingen: S. 26; Verwaltungsstelle Hirschau: S. 44; Kleinfeldt, Stadtarchiv Reutlingen: S. 48; Kleinfeldt, Museum für Technik und Arbeit, Mannheim: S. 66.